岩波現代文庫／学術 348

昔話と現代

〈物語と日本人の心〉コレクションV

河合隼雄
河合俊雄［編］

岩波書店

目　次

1 グリムの昔話における「殺害」について

一 昔話における「殺害」

昔話のなかには、「殺害」のテーマがよく生じてくる。殺そうとする、あるいは、実際に殺してしまう、という話がよく語られるものである。グリムの昔話においても、日本でもよく知られている、「赤頭巾」「白雪姫」「ヘンゼルとグレーテル」「狼と七匹の子やぎ」など、どれにも殺しということが重要なテーマとして語られるのである。

「教育者」的発想をする人のなかには、昔話のなかの殺害を「残酷」であると感じ、このために、昔話を子どもたちにするのはよくないと断定したり、話をつくり替えることを主張したりする人もある。これは後述するように、まったくナンセンスな議論であるが、もし、グリムの昔話で「殺害」のテーマのあるものを除外したら、それは成立しなくなってしまうだろう。実際の「殺害」が語られる話——殺害の意図のみでなく——だけでも、ざっと数えて、約四分の一に達するのだから、相当なものなのである。しかし、どうして昔話にはこれほどまで「殺害」が語られるのだろうか、あるいは、グリムの昔話のなかの「殺害」は何か特徴的な様相をもっているのだろうか。このような点について概観的に見てゆこうとするのが、本論の趣旨なのである。

1 グリムと日本の昔話

昔話における殺害ということについて考える端緒となったのは、実のところ、日本の昔話についての考察である。日本の昔話を通じて日本人の心の在り方を探ろうとする試みを、長年にわたって行ってきて、その結果は一応まとまった形で発表したが(1)、その後もそこで取りあげなかった問題について考え続けてきた。そのなかで、「殺害」ということが重要なこととして浮かびあがってきたのである。

日本と世界の昔話を比較するとき、異類婚ということが極めて重要な鍵となると考えられる。この点については、小澤俊夫が画期的な研究を発表し(2)、筆者もその線に沿って考えてきた。そのなかで、非常に注目すべきことは、「猿聟入」(『日本昔話大成』(3)一〇三)などの異類聟の話において、しばしば異類聟は殺されてしまうのである。しかも、その動物である聟が何か悪いことをしたというのではなく、動物であるということのために、時には極めて陰険とも言える方法によって殺されてしまう。なお参考までに、異類女房の方をみると、「鶴女房」(『大成』一一五)の例などのように、殺されることなく、その場を立ち去ってしまうのである。従って、異類聟が殺されるということは、日本昔話の際立った特徴を示しているのである。

「猿聟入」をグリム童話の「蛙の王様」(『完訳　グリム童話集』一)と比較すると、彼我の差は歴然としてくる。「蛙の王様」も一種の異類婚であるが、姫が蛙を嫌って壁に投げつけると――ここにも「殺害」のモチーフが認められるのだが――、蛙は王子様に変容し、王子と姫との結婚というハッピー・エンドが生じる。これは、計略によって聟である猿が殺されてしまう、という日本の昔話と著しいコントラストを示しているのである。

「殺害」という点について、日本の昔話に注目すべき話がある。「殺害」を広義に解釈すると、自殺ということも含まれると思うが、日本の昔話には次のようなショッキングな話がある。それは、「鬼の子小綱」(『大成』二四七A)として分類されているものの類話のひとつであるが、「片子」と題されるのもある。鬼が人妻をさらってゆき、自分の妻とする。そこで夫は妻を探しにゆき、一〇年目に鬼ヶ島に行くが、そこには、鬼と人間の妻との間に生まれた子が居て、「片子」と名のる。人間の夫と妻は再会し、片子の助けもあってうまく人間世界に帰ってくる。しかし、片子は半分鬼、半分人間という存在であるために皆に相手にされず、居づらくなったので、大木から身を投げて自殺してしまうのである。これは極めてショッキングな話である。親の幸福のため一所懸命につくした子どもが、「片子」であるという負い目のため、とうとう自殺してしまうのだ。(これについては次章に論じる。)

この話を読んだとき、これは日本的特性をもつ話であると感じ、前述した異類聟の問題と共に、いろいろと考えてみた。しかし、実際にグリム童話と比較してみて、グリムにはこのような話が「絶対に」無いと言えるのか、と考えはじめると少し不安になってきた。グリムはよく読んだけれども、それほど詳細に覚えていないし、まさかと思うような話が存在しているところが、昔話の特徴とも言えるのだ。そこで、「殺害」という点に注目し、グリムの昔話を再読し、すべての話について、殺害(自殺も含めて)の表をつくってみたのである。

もともと、日本の昔話に端を発したことであるが、こうして一覧表を作って眺めていると、またそれなりに面白いことが思い浮かんでくる。そこで、本論においては、グリムの昔話における「殺害」について、時に日本のそれと比較したりしながら、思いついたことを述べてみようと思う。

2 「殺害」の意味

殺人の夢を見て非常に驚かれた人があった。夢は「願望の充足」などということを聞き知っていたりしたので、余計に驚きがひどかったのであろう。筆者はそこでその人に、

「自分の生き方で、何かを殺して生きてきた、というと思い当ることはありませんか」と質問した。そうすると、その人にとって思い当ることがあり、そこから夢の分析がすすんでいった。つまり「殺す」という言葉は象徴的には非常に広い意味をもっているのだ。日常的に言っても、「息を殺す」「味を殺す」などの表現があるし、スポーツでも「球を殺す」ということがある。

『広辞苑』を見ると、「①生命を絶つ」という意味の他に、「②おさえつけて勢いをそぐ。おさえて活動させない。③勝負事で、相手の攻撃力を押さえこむ。④野球で、アウトにする。⑤(俗語)質に入れる。⑥相手を悩殺する」などの意味が記されている。これは、英語の kill を見ても、ほぼ同様の意味が見られるであろう。従って、象徴言語として、夢や昔話に語られる「殺す」ことは、必ずしも、文字どおりに「生命を絶つ」こととしてではなく、ここに示したような広い意味で読みとることも必要であろう。昔話のなかの殺しは、文字通りの殺人ではない。そのことを、心の奥深くで感じとっている子どもたちは、昔話を聞いても、それほど驚いたり、怖がったりしないのである。

殺害の象徴性を考えるとき、これはまったく逆のことも考えられる。つまり、ある人が単に何かを押さえている、勢いをそいでいる、とのみ考えているとき、それは実は、ひとつの殺しである、という場合も考えられるのである。たとえば、中学生の子どもが野球部にはいりたいと言ったとき、野球はやってもいいが野球部には入ってはならない、練習が長すぎて、勉強ができないから、と父親が言ったとき、それが子どもの強い希望をおさえただけと思い勝ちであるが、時には、それが、子どもの魂を殺すことにもなるのである。このように考えると、自分の子を殺したり、それどころか、「食いもの」にしている親さえ多いのではないかと思わされる。

子どもを「甘言」でおだて、「わがもの」にしたり、「食いもの」にしたりしている親と、お菓子の家で子どもをおびきよせ、食べてしまう、「ヘンゼルとグレーテル」の魔女と、それほどの違いはないように思われる。人間の実社会における、さまざまの「残酷さ」、特に大人が子どもに対して行う残酷さに気づくならば、昔話の残酷さだけを取りあげて、どうこう言う必要のないことが解るであろう。

人間は空想の段階で、「あの人を殺して」とまで考えぬにしても、「あの人が居なかったら」とか、「あの人がもし死んだなら」と考えることなど絶対にないと言える人は、極めて少ないと思われる。それに、空想の段階が深くなるとき、「殺害」の意味はますます深くなる。どれほど親密な親子関係においても、子どもは成長してゆく過程において、親に対して強い対抗心をもたねばならない。対抗とか反抗というよりは、それは一時的な全否定につながるほどの強力なものとなるであろう。そのような強い否定を経ないと、子どもは大人として成長し、親との間に適切な距離をとって自立してゆくことが難しいのである。このことを端的に言えば、子どもは「父殺し」や「母殺し」を象徴的なレベルにおいて経験しなくてはならないのである。

子どもの成長に伴う象徴的な親殺しの問題は、昔話の意味を考える上で重要なものであり、その点については既に他に論じてきた。(5) しかし、本論においてもそれは重要な点となるので、ごく簡単に触れておく。フロイトは父と息子の間の心理的葛藤に注目し、すべての男性は子どものときに、父親を殺して母親と結婚したいという欲求をもつが、それは抑圧され、エディプス・コンプレックスとして無意識内に留まると考えた。これに対して、ユングは神話や昔話などによく見られる親殺しのモチーフを、実際の親子関係の問題として見るよりも、個人の普遍的無意識内に存在する、父なるもの、母なるもの、とでも呼びたい普遍的なイメージの基本的なパターンとの関係として見るべきであると考えた。

ユングの考えをさらにすすめて、彼の弟子のエーリッヒ・ノイマンは、西洋近代における自我確立の過程を、親殺しの象徴性に関連づけて論じた。(6) ノイマンによると、西洋近代に確立された自我は、世界においても特異的なものであり、その確立の過程は、典型的な英雄物語によって象徴的に示され、英雄の誕生、英雄による怪物(竜)退治、怪物によって捕われていた乙女と英雄の結婚の段階によって記述される。英雄の誕生は自我の誕生であり、怪物退治は、自我が母なるもの、父なるものの束縛を切り離し、一個の独立した存在となることであり、次の乙女との結婚は、そのような独立した自我が再び世界との関係を結び直すことであると考えた。

このような考えは、「ひとつ」の極めて有効な考え方であるが、これが唯一の正しい考えというのではない。その上、これは西洋の物語の解釈にはなかなか有効であるが、たとえば、わが国の物語の場合にはそれほど有効とは限らないのである。しかし、今後、グリムの昔話について考えてゆく上において、一応は念頭においておくべきことと思われる。と言っても、すべての殺害の話をノイマンの考えで割り切ってしまうつもりはない。今まで殺害について述べてきたことすべてを念頭におきつつ、実際にグリムの昔話について考察してゆきたい。

二　現実の認識

死はいかなる人間にとっても避け難いことである。それは苦い現実の代名詞とさえ考えられる。また、殺人は悪であることが明白であるが、既に述べたように、われわれの心の奥深くでは、それが存在していることを認識させられることもある。それもひとつの現実なのである。殺すことや殺されることの物語は、何らかの意味で厳しい現実と関連することが多いものである。

1　猫とねずみ

「猫とねずみとお友だち」(『グリム』二)は、動物の話であるが恐ろしい話である。猫とねずみが一緒に住んでいる。冬の食糧のためにヘット(脂肪)を一壺、教会の神壇の下に隠しておく。しかし、猫は名づけ親をたのまれたとうそを言って外出し、ヘットをなめてくる。ねずみはそれとも知らず、赤ちゃんにどんな名前をつけてきたかを尋ねる。猫は「皮なめ」と名づけたという。このような調子で、「はんぶんぺろり」「みんなぺろり」と名づけたと言って、結局は猫はヘットを全部なめてしまう。冬になって、ねずみは猫と壺を見にゆき、猫の悪事を知る。ねずみが抗議すると、「猫は一足跳びにとびかかって、ねずみをひっつかみ、ぐうっと、鵜呑みにしてしまいました。どうです。世の中はこんなものですよ」ということで話は終る。

無茶苦茶な話だと憤慨してみても、「世の中はこんなもの」なのだから仕方がないのである。昔から、猫はねずみを食うことになっているが、ねずみは猫を食えないのだから、何とも致し方がない。まさにそのとおりであって、何とも動かし難い事実について語ることを、昔話の研究家フォン・フランツは、昔話に示される、just-so-ness と呼んだが、なかなか適切な表現である。

このような昔話は西洋よりもむしろ日本の方に多く、グリムにこのような昔話があるのは、例外的である。事実、この昔話と殆ど差のない話が『日本昔話大成』に「猫と鼠」(『大成』六)として、収録されている。あまりにも似ている話なので伝播ということも考えられるし、その際は話の性格から考えて、日本の昔話の方がオリジナルかと思ったりするが、この話は岩手県紫波郡において採集されただけで、他に類話が存在しないので、日本固有のものとも言いかねる。今後の研究が待たれる問題である。

なお話の結末において、グリムでは「どうです。世の中はこんなものですよ」という教訓めいた言葉が語られるが、日本の方は、「それから、猫と鼠の仲が今のような具合になったということである」という、猫とねずみの関係の起源を語る形になっている点が注目される。これだけで、どちらの方が古いかなど断定することは出来ないが、西洋ではこのような類の話が少ないので、何か一言つけ加える必要が感じられたのだろう。最後の一句はグリム兄弟がつけたのかどうか、それも解っていない。

2　皆殺し

昔話のなかで「皆殺し」的で、人間がばたばたと殺されるところがある。たとえば、「水のみ百姓」(『グリム』六七)は途方もない話である。その筋を簡単に紹介しよう。お金持の百姓ばかり住んでいる村に、一人だけ貧乏な百姓がおり、「水のみ百姓」と呼ばれていた。牛一頭買う金もなかったので、指物師に頼んで、木で牛をつくって貰う。牛飼いがそれを本物とまちがったところをうまく利用して、百姓は本当の牛を一頭せしめることになる。その牛をつぶして、牛の皮を町に売りに出るが、途中、雨がはげしくなり、水車ごやのある粉ひきの家に一晩泊めて貰う。粉ひきのおかみさんは亭主の留守に、なまぐさ坊主を引き込み御馳走を食べようとする。そこへ急に亭主が帰ってきたので、おかみさんは料理や坊さんをあちこちに隠す。これを見ていた水のみ百姓は、易者になりすまし、おかみさんの悪事をあばき、三〇〇ターレルの金をせしめる。

水のみ百姓が牛皮を三〇〇ターレルで売ってきたと宣伝したので、村の人たちは牛を殺して皮を売りにゆくが、三ターレルにしか売れず、皆が怒って水のみ百姓を樽に入れて川に沈めようとする。そこで、百姓はまた奸計を用い、羊飼いを身代りにしてしまい、自分は何食わぬ顔で、羊を引きつれて村へ帰ってくる。村人たちは大いに驚きわけを聞く。水のみ百姓は、川の底まで沈んでゆくと川底に草原があり、そこに沢山の羊がいて、その一群を連れてきたが、まだまだ沢山残っていると言う。村長を先頭に村人一同は先を争って川へ飛びこみ、村じゅう死にたえてしまう。水のみ百姓はたった一人のあととりとして、お金持になる。

これは初版本には「すぐに金持になった仕立屋の話」という同様の話が収録されていたが、第二版から「水のみ百姓」にかえられた(7)。仕立屋の話の方が簡単だがよく似ていて、特に村人全員が溺れ死ぬところは同じである。どちらにしろ、まったくありそうもない話で、なぜこれが現実の認識かと言われそうであるが、その点について考えてみよう。

この話の主人公は、まがうことのないトリックスターである。トリックスターについては説明を省略するが、ともかく、うそをついたり、いたずらしたり、随分と危険なことをし、神出鬼没、変幻自在、というところがある。それは低級なときは単なるいたずら者であるが、高級になると英雄に近くなる。たとえば、「いさましいちびっこのしたてやさん」(『グリム』二〇)の主人公などは英雄に近いトリックスターと言っていいであろう。(仕立屋というのは、トリックスターとして選ばれやすいようである。)

ところで、このようなトリックスター物語について、グリムと日本の昔話を比較すると、圧倒的に日本の方が多いのである。日本の神話をとってみても、日本の英雄はどこかにトリックスター性を残していると言っていいほどである。アフリカやアメリカ・インディアンの話になると、トリックスターの宝庫と言っていいだろう。これは何を意味するのだろう。これは、トリックスターのはたらきは「自然」そのもののはたらきを映し出しているように思われることと関連しているようだ。「自然」は変幻自在、神出鬼没と言えないだろうか。それは人間に思いがけない幸福や不幸をもたらす。自然はまさに「いたずらもの」である。自然を少し人間の方にひきつけると、それはトリックスター像になるとも言える。

欲につられて、村じゅうの人間が死ぬということも、自然との関連でなら起こりそうなことである。「水のみ百姓」の結末も、そんな風に考えてみると、まんざら、まったくありそうもない、などと言えなくなってくる。トリックスターと自然との結びつきという点から考えると、わが国の昔話に比して、グリムのそれの方が少ないことが了解できる。『日本昔話大成』には、「狡猾者譚」という分類のもとに、実に多くのトリックスター物語が収録されている。そのなかで、「大むく助と小むく助」(『大成』六一六)がグリムの「水のみ百姓」と相当に類似した話である。ただ、「大むく助と小むく助」が日本固有のものかについて疑問が呈されているが、その点については、ここに論じないことにする。

「水のみ百姓」ほどではないが、「背嚢《はいのう》と帽子と角ぶえ」(『グリム』五九)および「犬と雀」(同六四)の主人公(といっても、後者は雀だが)は、トリックスターであり、やはり途方もない殺人が行われる話である。トリックスターの話では、「皆殺し」が行われたりして、それは既に述べたように自然を描いたものとも言えるのだが、トリックスター特有のおかしさや、非日常性がはいりこんできて、殺人に伴う恐怖とか罪悪感とかが薄められてしまう効果をもっている。古代の人は、自然の恐ろしさを重々承知しつつ、このような話によって、むしろそれを和らげようとしたのかも知れない。

同じトリックスターでも「忠臣ヨハネス」(『グリム』六)のヨハネスは、むしろ救済者のイメージに近い。これについては他に詳しく論じたので、[8] ここでは省略するが、ヨハネスの物語では、死が生じても、むしろ死と再生のモチーフにつながってゆくのも、他のトリックスター物語における「殺害」と比較して興味深い。この点は後で触れる。

3 感情

トリックスター的な物語では、皆殺しなどのように、バタバタと殺人が行われるが、そこには既に述べたように、あんがい、恐怖とか残酷などといった感情ははたらかないものである。昔話はそもそも登場人物の感情については、あまり語らないものであり、マックス・リューティなどはそれを昔話の特徴のひとつにしているほどである。話のなかには何らの感情も語られないが、話を聞く方にとっては強い感情体験を強いられるような話もある。

「トゥルーデおばさん」(『グリム』四八)の話については、既に他で詳しく論じたので簡単に述べるが、これは極めて衝撃的な話である、「わがままで、こなまいき」な小娘が、「トゥルーデおばさん」のところには行ってはならないという両親の禁止を破って、会いにゆく。娘はトゥルーデおばさんが魔女であることがわかり恐ろしくなるが、もう既におそかった。魔女は娘を丸太ん棒にして、火の中にほうりこみ、それで体を暖めながら、「どうだい、おっそろしくあかるいじゃないか」と言うところで話は終る。

これは既に述べた「猫とねずみとお友だち」を上回るショッキングな結末である。両親の言いつけをきかぬ娘と言っても、魔女の暖をとる目的のために一瞬にして灰にされてしまうのは、あまりにもひどいと思わされる。しかし、「現実」には、これよりもっとショッキングなことが起っている。しかも、われわれはそのような事件に慣らされて、それを新聞記事として読んだときは、何らの感情も伴わずに読みすてていることが多い。その点、このように「物語」として語られると、われわれは戦慄の体験をし、心を動かされるのである。「現実」のもつ恐ろしさをつくづくと感じさせられるのである。

「ふくろう」(『グリム』一九四)は、ふくろうが殺される話である。ある町で、大きなふくろうが森から迷い出てきて、夜中に納屋にはいりこんでしまった。下男が朝になって納屋へやってきて、ふくろうをばけものと思い込んで逃げてきたので騒ぎが大きくなった。だんだんと町中の人がやってきて、ふくろうを退治しようとするが怖くて果せない。最後には武装した勇者が槍をもって立ち向かうが、これも怖くなって逃げてくる。とうとう町長が町の財政からその納屋の一切のものを持主から買いとり、その後で納屋ごとばけものを燃やしてしまおうと提案する。そこで、「みんな、町長さんの言うことに賛成しました。それで、納屋の四隅へ火がかけられて、納屋といっしょに、ふくろうは、あわれ無慙に焼きころされました」ということになる。

これは、ふくろう一羽に驚いてしまって、誰も退治できないところが詳しく語られていて、「勇者」が逃げ出してくるところなどがおかしく、ひとつの喜劇とも考えられるが、喜劇と悲劇は紙一重で、これはふくろうの方を中心に考えると大変な悲劇になる。何の罪もないふくろうが、人間たちの誤解によって殺される。しかも、納屋もろともに焼き殺すという残酷な方法で殺されるのである。納屋もろともに焼くということは、その中にあるいろいろなものも燃やしてしまうので、人間の方の払う犠牲も大きいと言わねばならない。

この話は「なん百年か前でしょう、今日にくらべてみると、人間どもが智慧《ちえ》もなく、すれてもいなかったころ」のお話として語られている。しかし、このような馬鹿げたことは現代でも行われていると言えないだろうか。この話を読んで、多くの現代人はナチスによるユダヤ人の殺害を想起するのではなかろうか。何の罪もないユダヤ人を「ばけもの」と断定することにより、納屋ごと焼き殺すよりももっとひどい方法で殺してしまったのは、つい最近のことである。何もナチスに限定することはない。人間というものは、誰か一人が「ふくろう」を「ばけもの」だと言うと、恐怖心が伝播してしまって、「ふくろう」を殺すためには、相当な犠牲を払っても止むを得ないなどと考えはじめるのではなかろうか。

人間の行っている「現実」に対して、ともするとわれわれは目を閉ざし勝ちになるか、それに伴う感情を抑圧して知的な議論によって割切ろうとするか、どちらかになるが、このような話は、情況を生き生きと物語ることによって、人間の感情を呼び起し、現実の恐ろしさを知らしめてくれる。

このような類の話は、グリムの話には比較的少ないことも、つけ加えておきたい。「トゥルーデおばさん」や「ふくろう」に類似の話は、グリムのなかでは、他に見出すことはできない。また、それだけに貴重な話であると言うべきであろう。

三　殺すものと殺されるもの

「ふくろう」の例に示されるように、昔話において殺されるのは、必ずしも悪者とは限らない。殺すものも殺されるものも相当なバラエティーがあって、簡単に分類したり、意味づけしたりすることを許さない。しかし、一般的には、昔話において悪者役を背負わされているものが殺されることが多いようである。この傾向はグリムの方が日本の昔話より強いように感じられる。それではどのような存在が悪者役を背負わされているか、ということになるが、そのような点にも注目しつつ、殺すものと殺されるものとの関係や在り方について考察してみることにしよう。

1 積極性と受動性

昔話のなかであっても、「殺す」ということはそれ相応の理由や動機がなくてはならない。また、殺しに到る過程もさまざまであり、そこにいろいろなパターンが示されることになる。ここでは、殺害を行うときにそれが積極的になされたか、せっぱつまって止むを得ずという受動的な形でなされたかについて考えてみよう。

男性の主人公が大男などの「悪者」を退治する物語では、殺害が極めて積極的になされる。これは非常に了解しやすいパターンである。このパターンは相当に多いが、そのひとつとして「地もぐり一寸ぼうし」(『グリム』一〇四)をとりあげてみよう。この物語では主人公の「阿呆のハンス」は竜を退治して、それに捕われていたお姫さまを救い出すのである。ハンスは後でこの姫と結婚してハッピー・エンドになるのも、おきまりの筋である。ただ、ここで主人公のハンスの性格を示す興味深いエピソードがあるので紹介しておこう。ハンスは実は他の二人と共に、三人で旅をしていた猟人《かりゅうど》なのであるが、ある御殿につき、一人が留守をして、二人が出かけている間に一人の小人がやってきてパンを一つねだる。パンをやると小人はそれを落して、パンをひろってくれという。ハンス以外の二人は小人の言うとおり、パンをひろおうと身をかがめると、その途端に小人が杖で頭をなぐりつける。二人は親切にしながら痛い目に遭わされるのだが、ハンスの反応は二人とは異なるものだった。ハンスの場合も小人にパンをやろうとしたが、小人がパンを落してひろってくれと言ったときに、ハンスは自分で自分のものがひろえないのかと怒って、小人をこっぴどくひっぱたくのである。小人はそこであやまって、姫のいるところを教えてくれ、山刀をもっていって竜の首を切れなどと忠告を与えてくれるのである。

この主人公ハンスは、竜の退治をするような積極的な男性であることは明らかであるが、小人に対しても、自分のパンくらいは自分でひろえ、といかにも男性的な親切を発揮するところが興味深い。パンをやるのまではいいが、相手の言うとおりパンまでひろってやるのはやりすぎなのである。

若い娘が殺される側にまわることが多いのも特徴的である。白雪姫などその典型であるが、娘を殺そうとするのは多くの場合、魔女か継母である。魔女や継母は極めて積極的に殺害の行為に及ぶ。これに対して娘は徹底的に受動的で、何とか逃げようとしたり、耐えていたりする。そしてそこに適切な援助者が現われ、結局は魔女が殺される形になることが多い。しかし、「ヘンゼルとグレーテル」(『グリム』一七)では、少女のグレーテル自身が魔女を退治する。この話では始めのうちは受動的、消極的だった少女のグレーテルがだんだんと強くなってきて、最後には相当積極的になる変化の過程が印象的である。

若い女性が——自ら手を下すのではないが——積極的に殺害に加担するタイプの話がある。それは若い女性が求婚者に対して何らかの困難な課題を与え、それに失敗したときは死刑にしてしまうという話である。たとえば、「あめふらし」(『グリム』一一三)では、「気ぐらいが高く、ひとの下につくことが大きらい、ほんとうの一人天下でいようとする」王女が、求婚者の首をつぎつぎにはねさせ、「お城の前には、死人の首ののってる杭が、もう九十七本たちならびました」という状態なのである。この王女はこのような類のヒロインの典型であるが、グリムのみならず西洋の昔話には、このような女性の物語がよくでてくる。結局は難題を解決する男性が現われ、結婚によってハッピー・エンドになるのだが、このような物語に示される乙女の積極的な殺害への姿勢は注目に値する。乙女が男性的な要素をうまく受容できず、強烈な拒否の段階にいる状態をこれらの物語は示しているものと思われる。

わが国の昔話では、「難題を解いて聟になった話」(『大成』一二七)というのが類似性の高いものである。これには類話も多く、主人公が動物に助けを借りて難題を解決するところも「あめふらし」と似ているが、あくまで「聟取り」の話として語られ、難題を出すのが若い女性自身ではなく「家」として提出しているように感じられる。それに、求婚者で失敗したものに対する「死刑」の存在も漠然としている。このあたりに西洋と日本との差が出ているように思われる。

2　誰が殺されるか

グリムの昔話において誰が殺されるか、という点で言えば、まず第一にあげられるのは継母、魔女であろう。「兄と妹」(『グリム』一三)や、おなじみの「白雪姫」(同五八)、「恋人ローランド」(同六二)などでは、継母が魔女であったと書いてあるので、両者は内的には同様のことを示す存在と考えられるであろう。特に注目すべきことは、「ヘンゼルとグレーテル」や「白雪姫」の物語は、もともと実母の話であったのを、グリム兄弟が一八四〇年の限定版のときに継母に変更したという事実である。グリム兄弟は、実の母親が嫉妬で自分の娘を殺そうとしたり、飢えのために自分の子どもを捨てようとしたりするのはあまりにも非人間的と考えて、このような変更をしたらしい。常識的に考える限り、これも許容できることだが、人間の心の深層まで考慮するときは、別にこのような配慮は不要だったとも言うことができる。人間の心の奥深くまで考えるなら、すべての母親の心に――あるいはすべての人間の心に――このように子どもを殺そうとする傾向は内在していると思うからである。それに、継母というものにこれほどの悪いイメージを背負わされると、継母にならざるを得ない運命の人はたまらないであろう。

母性には肯定的、否定的の両面があり、前者は「産み、育てる」ということに表現され、後者は、「呑みこみ、殺す」ということに表現される。このことについてはユング派の分析家がつとに指摘しているところである。そして、一般的には母というと、絶対的と言っていいほどの肯定的なイメージと結びつくので、その反対の側面は昔話のなかで、継母や魔女のイメージに結びついてゆくことになる。しかし、本当は実の母がこのような面をもっているということなのである。自分の子を「お菓子で誘惑」したり、「食いもの」にしたりしている母親はたくさんいるはずである。しかし、考えてみると、母と娘との間の殺し合いも、それほど否定的な意味ばかりを持っているのではなさそうである。

このような話の典型である「恋人ローランド」を取りあげてみよう。魔女に二人の娘があり、一人は実の娘で醜く、他の一人は継子で器量よしの子であった。継娘のもっている美しい前掛けを、もう一人の娘が欲しがるので、母親は継子を寝ているうちに殺そうとする。これをひそかに知った継子は寝るところを実子といれ替えたので、母親はそれとは知らず実子を殺してしまう。そこで、継子は恋人のローランドのところにゆき、二人で逃げ出そうとするのを、継母の魔女が追いかけてくる。詳細は略するが、若い二人のカップルはとうとう魔女を殺してしまう。この後も話は続くがそれには触れずに、ここまでのところで考えてみよう。

ここで「身代り」の娘が殺され、続いてその娘の母(魔女)も殺されるのだが、それは何を意味しているのだろう。魔女は自分の娘が何かを欲しがるとき、それはどんな手段を用いても手に入れてやろうとするのだから、この母＝娘関係は極めて密接である。とすると、この物語の言わんとするところは、若い乙女が恋人を得て、結婚に至ろうとするとき、密接な母＝娘関係の終り(死)を体験しなくてはならないことを意味しているのではなかろうか。乙女にとって結婚はひとつの死の体験であり、乙女は死んで妻として再生しなくてはならない。それと共に、そのような乙女と対をなしていた母親も死を体験しなくてはならないのであろう。

母親の否定的側面を示すものとして、「狼」をあげることができる。「狼と七ひきの子やぎ」(『グリム』五)や「赤ずきん」(同二九)に登場する狼は、「呑みこむ」存在として、母親の否定的な側面を表わしていると思われる。なお、「赤ずきん」の狼を男性像として解釈する学者――特にフロイト派の分析家――もいるが、この点については既に他に論じたので、ここには繰り返さない(9)。

否定的な母親像を示すものの殺害が、グリム童話のなかでは圧倒的に多い。これに次ぐものとしては、大男、魔法使いなどの恐ろしい男性像である。この場合は、男性のヒーローがこのような恐ろしい存在を退治するという展開になることが多い。そして、ほとんどの場合、ヒーローは素晴らしい女性と結婚することになっている。「いさましいちびっこのしたてやさん」(『グリム』二〇)は、主人公は相当なトリックスター性をもっているが、大男を退治したりして、最後は王女と結婚する。「こわいものなしの王子」

(『グリム』一三六)も、主人公の王子は大入道を殺し、後に王女と結婚している。これらは主人公の男性的な強さを強調するものであり、「父親殺し」のテーマに関連するものと思われる。男性にとって、父親は自分よりはるかに強く、恐ろしいものであるが、それを超えてこそ自分を確立できるのである。

殺される者を父親像や母親像と結びつけて考えることが難しいものもある。しかし、母親、父親の否定的側面との関連で考えられるものが、グリムのなかで大半を占めていると言っても過言ではないであろう。西洋における自我の確立の過程において、象徴的な母親殺しや父親殺しがいかに重要であるかを、如実に示しているものと思われる。両親像との関連で解釈することの困難な例としては、「雪白と薔薇紅」(『グリム』一八一)をあげることができる。この物語では雪白と薔薇紅という二人の乙女が、冬に家を訪れてきた熊に親切にしてやる。春になって熊は帰ってゆく。その後、二人の乙女は困っている一寸法師を助けてやるが、そのたびに一寸法師に逆恨みをされ文句を言われる。ところが、とうとう例の熊が現われ、一撃のもとに一寸法師を殺してしまう。熊はそこで王子に変身し、二人の乙女はその王子と弟とそれぞれ結婚してハッピー・エンドになる。

この物語で、二人の乙女が同じように親切にしても、熊の方は喜び、後で恩がえしをすることになるが、小人の方は親切にすればするほどつけ上がる、というところがある。

最後は殺してしまうより仕方のない存在なのである。おそらく、このことは無意識の内容(熊や一寸法師で表わされる)には、注目すべきものと、注目を払うべきでないものとがあることを意味しているのであろう。ともかく、実生活においても、親切にすればするほど結果はマイナスになることを、われわれは経験することがある。「殺し」が意味をもつときも、いろいろな場合があるように思われる。

3　男性と女性

親と子の関係ではなく、男性と女性との間においても「殺害」のモチーフは生じてくる。既に述べたように、女性が与えた課題に失敗した求婚者を殺す、というのはよくある物語である。これに対して、男性が女性を殺す物語があるだろうか。それは、いわゆる「青ひげ」型の物語である。このような類のものとしては、「強盗のおむこさん」(『グリム』四五)、「まっしろ白鳥」(10)(同五二)があるが、ここでは後者の方を取りあげてみよう。

「まっしろ白鳥」では魔法使いが三人姉妹の一番上の娘をかどわかしてきて、自分の家に連れ帰り、そこでは娘の欲しいものは何でも与える。二、三日後に魔法使いは旅に出るが、彼の家中のどの部屋を見てもいいが一部屋だけは見てはならない、と娘に言いつけて出てゆく。娘が禁を破って部屋を見ると沢山の女性の死体であふれていた。娘が禁を破ったことは魔法使いにすぐわかり、彼女は殺される。二番目の娘も同様の運命をたどる。三番目の娘は禁を犯したが、うまくやったので魔法使いにばれなかった。そこで二人は結婚することになり、娘は沢山の財宝をもらって帰り、この魔法使いが結婚式のために家にやってきたときに、計略によって焼き殺してしまうのである。

この話で特徴的なところは、男性が女性を数多く殺してきたのだが、とうとうヒロインの女性の知恵によって逆に殺されることと、話が結婚によるハッピー・エンドで終らないことである。このパターンは「強盗のおむこさん」でも同様であり、グリムの初版本には掲載されていたが後に取り去られた「青ひげ」の物語でも同様である。

この「青ひげ」や「まっしろ白鳥」の話は、男性が女性に対して「見るなの禁」を科すという点で、わが国の「うぐいすの里」(『大成』では「鶯《うぐいす》の内裏《だいり》」一九六A)と対照的で興味深い話である。「うぐいすの里」においては、女性が男性に対して「見るなの禁」を科し、男性がそれを犯すのだが、彼女は男性をことさら罰しようとしない。この点、グリムでは明白に「死刑」という最上の罰が与えられるのである。このように禁を破ったものに対する罰の相違は、あきらかに日本と西洋の差を示している。この点についても他に詳細に論じたので、[11] ここでは省略する。

これらの物語に登場する魔法使いや強盗の聟などは、女性の心の深層に存在する男性的な傾向のなかで、否定的な側面を表わしているものと思われる。ユングは女性の心の深層に存在する男性像の元型をアニムスと呼んだが、これらは否定的なアニムスの典型と言えるであろう。アニムスは女性を魅了する。その上で、「――してはいけない」という禁止を科すが、それとてもそれを破らせることをひそかに願ってのことなのだ。これはアニムスの挑発である。アニムスの挑発にうっかり乗った女性は命を失うことになってしまう。アニムスは女性にとって大切なものである。しかし、その誘惑にうっかり乗るのではなく、その否定的な面に対しては強い拒否をすることが必要であることを、これらの物語は示しているようだ。

4　自　殺

自殺は、いわば自分で自分を「殺害」するとも言えるので、「殺害」のモチーフのなかに入れておいてもいいであろう。既に述べたように、そもそもこのようなモチーフについて考えてみようとした端緒は、日本の昔話における「片子」の自殺の話である。ところで、グリムを全部調べても、「片子」のように主人公または重要人物の「自殺」について語る話は存在していない。これから見ても、「片子」の話の特異性がわかるであろう。

昔話で「自殺」が語られることは少ないと思われるが、それでもスティス・トムソンのモチーフ・インデックスの「自殺」の項を見ると、割に多く例が載せられている。これを見ると、なるほどそのような昔話もあるだろうと思わされるが、この点から考えると、グリムには「自殺」の話が少ないのかなとも思う。このようなことは正確な「統計」を取りようがないので、簡単に結論づけはできないことであるが。

ともかく、グリムのなかで「自殺」がでてくる話を紹介しておこう。自殺のことが少しでも語られる話は、グリムのなかに三話ある。「子どもたちが屠殺ごっこをした話」(『グリム』二二五)は、一八一二年版に収められていた(番号二二)が、その後は棄却されて代りに「なぞ」が採用された。おそらく話があまりに陰惨なのと、構成も昔話らしくないためであろうと思われる。この題名のもとには似たような話が二話採用されているが、自殺が語られるのは第二話の方である。話は短いものであるが、次のようなものである。

父親が豚を殺すのをみていた兄弟が、豚の「屠殺ごっこ」をしようとして、兄が小刀で弟の咽喉を突く。母親は二階で赤ちゃんに湯をつかわせていたが、子どもの叫び声に驚いてかけおりてゆくと、兄が弟を殺している。母親は腹立ちまぎれに、小刀をとって兄を殺してしまう。そして、二階へ行くと、赤ちゃんは湯のなかで溺死していた。母親はこのためにやけになってしまって、召使いたちがいろいろ慰めてくれるのに、首を吊って死んでしまう。父親は帰宅してこれを見て、すっかり陰気になり、それから間もなく死んでしまった。

読者はおそらく、グリムのなかにこれほど陰惨な話があるのに驚かれることであろう。昔話というものは、民衆の間で語られていた「お話」であり、ここに示したような類の話も相当に語られていたのではなかろうか。この話がグリムによって削除された事実が示しているように、このような話は現代のわれわれが心に描いている「昔話」からは除外されていったのではないかと思われるが、もちろん、推論の域を出ない。つまり、この種のお話は現在の新聞記事を少し修正するとできあがりそうなものであり、敢えて「むかし、むかし……」と言わなくとも類似のものができあがるので、昔話としての価値が低いとも考えられるのである。もちろん、このような点については、もっと実証的研究ができるので、そのような研究をする必要があると思われる。

次にもう一点考えねばならぬことは、わが国の昔話にこのような話がないことである。一見すると、このような類のものは日本に有りそうに思うのだが、なかなか見つからない。筆者が寡聞のためかとも思うが、この点について御存知の方があれば御教示願いたい。この話では、子どもの遊びが端緒になって、結局は家族全員が死んでしまうので、ある意味においては、すべてが「無」にかえる話とも言うことができる。そのような点からみると、日本の昔話において「無」ということが大切であることを筆者はこれまでに論じたことがあるが、それとはまったく異なったものと言わねばならない。ここに詳論することは避けるが、たとえば日本の昔話「うぐいすの里」における「無」は、まさに「無」が生じたと言うべきであり、話全体を通じて「無」ということが語られる仕組みになっている。これに対して、グリムのこの話では、はじめに存在した家族が、終りにはすべて死んでしまうので、有→無という図式によって「無」が示されている。日本の昔話の「無」は、別に有と対立させては語られないのである。このような点を深く考えてゆくと、この話は日本と西洋の昔話の比較の上で興味深いものと思われるが、そのためにはもう少し多くの資料に丹念にあたってみることがまず必要である。ここでは一応試論のかたちで述べておいた。

自殺が生じる話としては次に、「お墓へはいったかわいそうなこぞう」(『グリム』二〇七)について述べる。孤児が金持の家にあずけられるが、金持は強欲で情知らず、この子を虐待する。その様子がいろいろ詳しく語られるがその点については省略する。「こぞう」は嘆き悲しんで主人に殺されるくらいなら自分で死ぬほうがましだと、おかみさんが寝台の下にいつも隠している毒入りの壺を出し、毒を飲む。ところが実はこれはおかみさんがうそを言って、蜂蜜を隠していたものだったので、こぞうは蜜をなめてしまうことになる。ともかくこれでは死ねないので、次にだんなが蠅取りの毒だと言って隠しているフラスコから「毒」を飲むと、これがハンガリー産のぶどう酒であった。これも味はよかったがふらふらしてきたので、どうも死にそうだから墓を探そうと墓地にゆく。そして掘ったばかりの墓穴に横になると、ぶどう酒の熱と夜の冷たい露に命を奪われて死んでしまう。こぞうの死を知った主人は裁判所に引き出されないかと心配で目をまわしてしまう。おかみは鍋にあぶらを一杯入れて、かまどの傍らに立っていたが驚いて亭主のところにかけつける。この間にあぶらに火がまわり家は焼けてしまう。夫妻はその後貧乏になってしまった。

この話も暗い話である。毒だと思って飲んだものが実は蜂蜜であったり、ぶどう酒であったりするところでは、わが国にも類似のものがある笑話の類かと思わされるが、結局のところ、かわいそうな少年は死んでしまうのである。その後で、彼を虐待した夫婦も災難にあって貧乏になる、というところで因果応報的に話がすすめられているが、それでもこの少年に対する気持がそれほど和らげられるものではない。この話を孤児が大活躍して、しまいには王女と結婚するようなその他の昔話と比較すると、その特徴が歴然としてくるであろう。

「お墓へはいったかわいそうなこぞう」も、一種の just-so-ness 物語とも言えるが、その他の要素もはいりこんでいるために、インパクトはそれほど強くない。わが国にはこのようなタイプの昔話は無いようであるが、先の「子どもたちが屠殺ごっこをした話」同様、今後の詳細な比較研究が必要であろう。

最後に自殺が語られる話として、「熊の皮をきた男」(『グリム』一一四)をあげる。これは多様なモチーフをもち簡単には解釈し難い話であるが、話の概要を極めて簡略化して述べてみる。一人の兵隊が解雇されて困っていると、悪魔があらわれ、兵隊が熊を打ち殺して勇気のあるのを見とどけてから、七年間からだを洗わず、髪もとかず爪も切らず、熊の皮をはいでつくった外套を着て暮らすことを約束させた上で、お金が好きなだけ出てくる上衣をくれる。兵隊はそのお金で困っている老人を助け、老人はその礼に三人の娘のなかの一人を嫁にやると言う。上の二人は「熊の皮を着た男」を嫌って結婚を承諾しないが、三人目の娘は父親の難儀を救ってくれた人だからと結婚を約束する。男は喜んで指輪を二つに折り、片方を娘に渡し、暫く待つようにと頼む。悪魔との約束の七年の経過後、男は素晴らしい身なりで、例の親と娘たちを訪ねる。上の二人の娘は是非とも彼と結婚したいと思うが、男は半分の指輪をもっている三番目の娘と結婚すると言う。姉たち二人は、気ちがいのように怒って外にかけ出し、一人は井戸に身を投げ、一人は木で首をくくり死んでしまう。夜になって悪魔がやってきて、男に「おまえの魂一つのかわりに、二つの魂がおれのものになったぞ」と言う。

これは「恋人ローランド」のときに論じたように、乙女の結婚に伴う死のモチーフとも考えられるが、ここで二人の姉が自殺し、しかも、悪魔が男性の主人公の魂の代りとして、それら二つの魂を手に入れたと言うあたりは、簡単に解釈し難い感じがする。ともかく、ここでは、グリムにおける数少ない自殺の話のひとつとして紹介することにとどめておく。

四　変容への希求

これまで述べてきたように、グリムの昔話には多くの殺害が語られる。そのなかで、これから示すように、死んだ後に再生する話が、もっともよくグリムの昔話の特性を示しているように思われる。死んで再生することは、象徴的には急激な人格の変容を示していると思われる。人間はそのライフサイクルのなかで、急激な変化を体験しなくてはならぬ節目があり、そこでは象徴的な死と再生を体験するとも言うことができる。多くのイニシエーションの儀式において、死と再生のモチーフが重要視されることは、文化人類学者の指摘しているところである。そのような点を反映して、昔話には殺され再生するというモチーフがよく生じるものと思われる。このような類の話について次に考察してみたい。

1　死と再生

死と再生の典型的な話としては、「白雪姫」をあげることができる。継母である魔女によって姫は殺されるが、小人たちは姫をガラスの棺に入れておく。ところが、ある王子が死んでいる姫にほれこんで、その棺を運んでゆくとき、ふとしたはずみから白雪姫は毒のりんごを吐き出して再生する。そこで、この二人は結婚するのだが、この話は乙女が結婚に至る以前に、ある種の死の期間――それもガラスの棺や小人たちに守られて――を経過しなくてはならぬことを示しているようである。それを経験してこそ、素晴らしい花嫁となることができる。これとまったく同じことが、百年の眠りという形で示されているのが、「いばら姫」(ペローでは「眠りの森の美女」)であろう。女の子が乙女となってから、花嫁として開花するまでに、「守られた死」を経験しなくてはならない、などという古い知恵は現在ではあまり通用しないかも知れない。乙女たちは棺の守りなど突き破って、もっと積極的に行動し、王子さまを自らの力で見つけようと努力する。しかし、あまり好奇心を強くもちすぎて、トゥルーデさんの犠牲にならぬように用心が必要であろう。

乙女から花嫁になるときの死と再生についで、女性が子どもを産んだときの死と再生の物語も相当に存在している。たとえば、「兄と妹」(『グリム』一三)、「森のなかの三人一寸ぼうし」(同一五)などである。話の詳細は略すが、ヒロインはいずれも継母あるいは魔女に迫害された後に、幸運にも王様と結婚する。子どもができたときに継母(魔女)が現われてヒロインを殺し、自分の娘を妃のように見せかけて寝台に寝かしておく。しかし、殺された妃が夜にあらわれ、子どもに乳を与えるのを王様が知り、結局は妃が再生し、継母とその娘は処罰されて殺されてしまう。いずれも、妻が母になるという変容に伴う、死と再生の体験について語っていると思われる。なおこの過程において、「兄と妹」の方では、鹿に変身させられていた兄が、もとの人間になるところがある。また、「森のなかの三人一寸ぼうし」の方では、殺された妃が鴨の姿で子どものところに現われ、王様が鴨の願いによって、その頭の上で三度刀をふりまわすことによって、もとの妃の姿に戻っている。これらの動物から人間への変身は、女性が子どもを産んで母になる過程において、実に深い生理的なレベルにおける変容が生じていることを、反映するものであろう。

死と再生によって、一般には肯定的な変化が生じるのであるが、時にはマイナスの変化を生ぜしめることを示す例が一例あり、注目に値する。それは「三まいの蛇の葉」(『グリム』一八)である。興味深い話なので簡単に紹介してみよう。ある勇敢な青年が武功をあげ、王女と結婚することになる。ところが、王女はもし結婚すると、本当に愛し合っている限り片方が死ぬと他方は生きている意味がないはずだから、どちらが先に死んでも片方はそれと共に死ぬべきだと主張する。男はそれを承知する。暫くして、この若い妃は病で死ぬので、若い王は約束どおり妃と共に墓にはいる。ところがそこで蛇の用いている再生のための葉を見つけ、それによって妃を再生させる。二人はそこでめでたくこの世に戻ってくるが、「おきさきは、一ぺん死んで生きかえってみたら、心がまるでかわっていて、夫への愛情というものがあとかたもなくなってしまったようでした」という変化が生じる。

暫く後に、若い王が自分の父を訪ねるため夫婦で航海をすることになったとき、妃は船頭と恋に陥り、王が眠っている間に船頭と二人で海へ投げ入れてしまう。ところが、王は例の「蛇の葉」によって再生し、後に王妃と船頭は処刑されて殺される。

これは再生によって望ましくない人格変化が生じている話である。特に女性の再生を助けたのは、彼女と共に死のうとした夫であり、その夫を裏切るようになるのだから、この変化は驚くべきことである。もっとも、この話は、もともと別であった二つの話をグリムが一つにしたものらしいし、このような話はグリムのなかでただ一つしかないので、昔話のなかの傾向として語るのは慎重にした方がいいと思われる。むしろ、既に述べたように「白雪姫」の実母を継母に言いかえたりするような配慮を示したグリム兄弟が、二つの話を結合させて、このような話をつくった意図について考えてみる方が面白いかも知れない。

死と再生を体験したものよりは、それにかかわったものの人格の変化を示すような物語もある。「忠臣ヨハネス」(『グリム』六)では、王子と王女との結婚のためにつくした忠臣ヨハネスが石化して石像となってしまう。それをもとに返したいと若いカップルは心を痛める。ある日、石像のヨハネスが王さまに、その王子たち(双子)の首を切り、その血を塗ると石像が甦るという。王は暫くためらうが子どもたちの首を切って、ヨハネスを甦らせる。すると、ヨハネスはまた、王子たちの首をつないで再生させるのである。ここに、ヨハネスおよび、王子たちの死と再生が語られるが、話の展開から見て、強い人格変化を体験したのは、それにかかわった若い王さまの方であるのは明白である。

2　殺害の依頼

殺されることによって、そこに変身が生じる場合がある。一般によく知られている「蛙の王さま」（『グリム』一）がそれである。王様の末娘が黄金のまりを泉のなかに落としてしまう。そのまりをひろってくれれば、一緒に暮らすという条件で、蛙に依頼する。蛙がまさかお城までやってくるはずがない、と姫は安易に考えていたのだが、蛙はちゃんとやってくるし、父親の王様は約束を守るべきだと厳しく言う。姫は仕方なく蛙と食事をしたりするが、寝室まで押しかけてこられ、たまらなくなって蛙を壁にぶちつけると、蛙は王子様になった。

この話で、姫が蛙を壁に投げつけるところが極めて重要である。ずっと逃げ腰だった彼女が、ここで積極的対決の姿勢を示すのである。積極性と受動性ということについては既に論じたが、それまでは蛙に迫って来られ、父親の命令に従い、とあくまで受動的だった女性が、ここで極めて積極的な姿勢に反転するところが印象的である。全存在をかけての対決が変身を生ぜしめたのであろう。

この蛙はもともと王子であったのが、魔法によって蛙に変身させられていたものであり、ここに姫との対決によってもとの姿に返ったのである。このような変身のモチーフは、特に結婚話との関連で、わが国の昔話にも存在している。「鶴女房」(『大成』一一五)で代表されるように、わが国の昔話では、もともと動物であったのが人間に変身して結婚し、結婚後にまた動物にかえり、離婚してゆくのだから、グリムの昔話とはあらゆる点で対照的である。これらの意味についても他に詳述した(12)ので、ここでは触れずにおく。

死によって変身が生じるのであれば、当の本人が殺害されることを望む場合もあるはずである。「黄金《きん》の鳥」(『グリム』六三)では、常に主人公を援助し続けた狐が、最後になって「わたくしを射ち殺して、わたくしの首と四肢をちょんぎってください」と主人公に頼むところがある。このように言われても、なかなかその気になれず、主人公は断ってしまう。しかし、再度頼まれて、とうとうそれに従うと狐は立派な人間に変身する。

確かに自分を助けてくれた恩人を殺すことなど、思いもよらぬことである。既に紹介した「三まいの蛇の葉」では、自分を再生させてくれた恩人を殺そうとして、自分が不幸になってしまう話である。しかし、人生のことは簡単なルールによって事が運ぶのではなく、一見矛盾したようなことも、場合によっては真実なのである。昔話はそのことを実によく知らせてくれる。「黄金の鳥」の場合は、恩人を殺すことに意味があったのである。確かに、人生には恩人を「殺す」ことが必要なときもあるように思われる。そのような決意を通じてのみ、二人の関係は新しい関係へと発展するのである。

注

(1) 拙著『昔話と日本人の心』岩波書店、一九八二年(岩波現代文庫)。
(2) 小澤俊夫『世界の民話――ひとと動物との婚姻譚』中公新書、一九七九年。
(3) 関敬吾他編『日本昔話大成』全一二巻、角川書店、一九七八―八〇年。以後『大成』と略記する。番号は同書の分類番号を示す。
(4) 金田鬼一訳『完訳 グリム童話集』全五巻、岩波文庫、一九七九年。以後『グリム』と略記する。番号は同書の番号に従っている。この訳書は初版本に掲載されていて、後に棄却されたようなものもすべて訳してあるので便利であるが、この番号は一般に用いられているKHMの番号とは少しずれているので、その点注意されたい。
(5) 拙著『昔話の深層』福音館書店、一九七七年。同書においてはグリムの昔話を素材として、人間の成長に伴う諸段階について述べた。
(6) ノイマン、林道義訳『意識の起源史』(上・下)、紀伊國屋書店、一九八四―八五年。
(7) J. Bolte und G. Polívka, "Anmerkungen zu den Kinder- und Hausmärchen der Brüder Grimm", 5 Bde., Leipzig, 1913-32 による。以下、グリムの話に関するいきさつについて述べているところはすべて、この注釈書によるものである。
(8) 前掲(注5)。

(9) 河合隼雄「昔話の心理学的研究」関敬吾他編『日本昔話大成』第一二巻、角川書店、一九七九年。
(10) 一般には、「フィッチャの小鳥」と訳されている。
(11) 前掲(注1)。
(12) 前掲(注1)。

2 片側人間の悲劇――昔話にみる現代人の課題

一 昔話と現代

昔話というものは、その中に現代人にとっての課題、そして時にはその解決への示唆をさえ内包しているものである。民衆の心から心へと伝えられてきたその内容は、人間の心の深みに通じるものがあり、時代を超える意味をもっている。筆者は心理療法家として、現代人の悩みや問題の解決に共に取り組んでゆく仕事をしているが、昔話に深い関心をもつのは、前記のような理由からである。

昔話の内容は人間の心の深みに通じるものがある、と述べたが、それは人類にとって普遍的と考えられるようなものもある。それが自然発生的に世界の各所に生じたのか、あるいは伝播によったのかという問題には触れないが、ともかく、世界各地に共通に類似の話や、話のモチーフが存在することは周知の事実である。しかし、それらは共通点を持ちながらも、時代や文化の差によって、そこに何らかの差異を生ぜしめているものである。言うならば、素材は同じでも、時代や文化の差によって、そこに異なる味つけが生じてくるのである。従って、昔話を詳細に検討してゆくと、人間全般に通じる傾向性を見出しつつ、それが文化によってどのように異なっているかを見ることにより、個々の文化の特性を見出すことも可能になってくる。

筆者は心理療法を学ぶために米国とスイスに留学し、スイスの分析心理学者C・G・ユングの提唱する心理学を基礎として、わが国で実際の心理治療を行うようになった。ユングが「心理学」として示す理論体系(と言っても、それほど体系化はされていない)は、人間一般に通じるものとして考えられたものであろうが、個々の人間が実際に生きてゆく状況と密接にかかわってゆく仕事をすると、筆者の場合、どうしても文化差ということを考えざるを得なくなってきた。つまり、ユングがキリスト教文化圏に当てはまることとして述べていることが、そのまま日本においては通じないことが生じてくる。筆者にとって一番大切なことは、自分のところに来談した人がいかに生きるか、それに対して自分がどれほど役に立てるか、ということであって、自分がどれほど正しくユング心理学を日本に伝えるか、などということではない。深層心理学という学問の性質上、自分が実際にいかに生きるかという点と無関係に語ることは難しいのである。

このような考えにたって、筆者は一九八二年に『昔話と日本人の心』(岩波書店)を発表した。昔話を素材として、そのなかに日本人の生き方を見出そうとしたのである。ところが、最近になって国際的な交流が急激に増加し、異文化間の接触や衝突も思いの外に増大してきた。このため、それぞれの民族は、自分たちの考えが「唯一の正しい」ものではなく、異なった見方や考え方があることを知り、反省をはじめた。特に欧米は、そこに生じた自然科学という強力な武器によって世界を席捲するかに見え、欧米中心の考えを強く持っていたが、最近になってその考えについて反省すべきことが多く生じてきた。そのため、自分たちと異なる考え方について、耳を傾けて聴こうとする態度を強く持つ人たちが多くなり、筆者の考えなどを真剣に聴こうとする人たちが生じてきた。そのような動きに乗って、筆者も海外で講演をすることが増えてきたが、一九八四年一〇月には、ロスアンゼルスのユング研究所に招かれて、『昔話と日本人の心』について講義することになった。

このような企画がなされたのは、『昔話と日本人の心』を英訳出版してはということになり、その仕事を遂行する便宜をはかって、アメリカの友人たちが考えてくれたものであった。英訳をするために、自分の書いた本をもう一度丹念に読み直す、という苦労をしなくてはならなくなったが、そこでひとつ大変なことに気づいた。それは、第3章「鬼が笑う」において、「鬼の子小綱」を取りあげ、その類話のなかに鬼と人間の間にできた「片子」という半人半鬼の存在が登場し、それの解釈はなかなか難しいことではあるが、「後に取りあげて論じることにしよう」と書きながら、実のところ、それについて後にまったく論じていないのである。

「片子」の話は後述するように、鬼と人間の間にできた「片子」が、せっかく人間界に帰ってきたが、人間の世界に「居づらく」て自殺する凄まじい話である。筆者はロスアンゼルスで自分の本を翻訳しつつ、上記のことに気づくと共に、「片子」の示す問題の深さに気づいて暗然とした気持となった。筆者自身が、西洋で学んだことを日本に持ち帰り、それをどのように生かしてゆくかに悩み、度々、日本に「居づらく」なる体験をしているので、片子の話をよそごととして読むことができないのである。おそらく『昔話と日本人の心』を執筆したときは、この問題に直面するのを避けたい気持が無意識的に強くはたらき、「後で論じる」などと言いながら忘れてしまうことになったのであろう。

帰国後、筆者は「片子」に関する類話をできるだけ読み、ますます興味を深くした。一九八五年四月にグリム生誕二〇〇年を記念して、大阪の日独文化研究所が主催して行われたシンポジウムにおいて、「日本昔話における「鬼の子」について」という発表を行った。その後、文化人類学者のロドニー・ニーダム(1)や、小松和彦の研究(2)があることを知り、ますます関心を高めることになった。

一九八六年の春、サンフランシスコにおいてユング研究所主催で「日本人と西洋人の比較心理学」という題で講演したときに、少しだけ「片子」について触れた(3)。先に述べたように、筆者は自分自身を片子と同一視するような態度で、これについて語ったのだが、聴衆の反応から、それぞれが自分のなかの「片子」のことについて考えていることが感じとられた。現代に生きている多くの人が、何らかの意味で、自分の心の中に生じる縦の分裂を意識している、と言うことも出来るであろう。アメリカで講演をしながら、筆者は日本の昔話「片子」が現代人にとってもつ意義について考えさせられたのである。

ところで、『へるめす』の第10号に、小松和彦による「異類婚姻の宇宙――「鬼の子」と「片側人間」」が発表された。(4) 小松はこの論文において、昔話や神話に現われる「片側人間」について、その在り方の差異を細かく検討し、分析している。これに触発されて、筆者も同様の主題についてここに私見を述べることにした。ただ、後にも見られるとおり、筆者は現代における心理療法家として、あくまで、現代人の生き方に結びつけて考えているので、小松の論の立て方とは相当に趣の異なるものになるであろう。もちろん、小松の説は必要な限り取りあげて、考えてゆくことにしたい。

二　片子の話

ここに取りあげる話は、わが国の昔話で、「鬼の子小綱」と呼ばれている話型に属する類話で、特に「片子」と言う半人半鬼の子どもが登場する話である。「鬼の子小綱」

は、関敬吾他編『日本昔話大成』[5]では「逃竄譚」のなかに分類されているが、小松も指摘しているように「異類婚姻譚」にも分類できるものである。以前に『昔話と日本人の心』において「鬼の子小綱」を取りあげたときは、この話に生じる「鬼の笑い」に焦点を当てて論じたが、今回はむしろ、「異類婚姻」によって生じた子である「片子」に焦点を当てて論じようとするものである。早速、東北地方で採集された「片子」と題される昔話の要約を示すことにしよう。以後の論議のための便宜上、物語に番号を付すことにする。この話を①とする。（小松論文ではこの話を、事例1としてあげている。）

①木樵の男が仕事をしていると、鬼が出てきて、あんこ餅が好きかと聞く。男は女房と取り替えてもいいほど好きと答える。そこで、男は鬼のくれたあんこ餅をたらふく食べるが、帰宅すると妻が居ないので驚く。男は妻を探して、一〇年後に「鬼ヶ島」を訪ねる。そこに一〇歳くらいの男の子が居て、体の右半分が鬼、左半分が人間で、自分は「片子」と呼ばれ、父親は鬼の頭《かしら》で母親は日本人だと告げる。片子の案内で鬼の家に行き、女房に会う。男は女房を連れて帰ろうとするが、鬼は自分と勝負して勝つなら、と言って、餅食い競争、木切り競争、酒飲み競争をいどむ。すべて片子の助けによって男が勝ち、鬼が酒に酔いつぶれているうちに、三人は舟で逃げ出す。気づいた鬼は海水を飲み、舟を吸い寄せようとする。このときも片子の知恵で鬼を笑わせ、水を吐き出させたので、三人は無事に日本に帰る。片子はその後、「鬼子」と呼ばれ誰も相手にしてく

れず、日本に居づらくなる。そこで両親に、自分が死ぬと、鬼の方の体を細かく切って串刺しにし、戸口に刺しておくと鬼が怖がって家の中にはいってこないだろう。それでも駄目だったら、目玉めがけて石をぶっつけるように、と言い残して、ケヤキの木のてっぺんから投身自殺をする。母親は泣き泣き片子の言ったとおりにしておくと、鬼が来て「自分の子どもを串刺しにするとは、日本の女はひどい奴だ」とくやしがる。そして、裏口にまわって、そこを壊してはいってくるが、片子の両親は石を投げ、鬼は逃げる。それからというものは、節分には、片子の代りに田作りを串刺しにして豆を撒くようになった。

これが「片子」の話であるが、この話を読んで強いショックを受けたのは、片子の自殺という事実であった。この話のなかで、片子は言うなれば「善人」として扱われている。日本の男が鬼にさらわれた自分の妻を奪い返す際に、いろいろと知恵をはたらかせて援助する。そして日本に帰ってきたところが、「居づらくなって」自殺へと追いこまれてゆくのだから、何とも理にかなわぬ話という気がする。それに一〇歳ばかりの少年が自殺するのを知りながら、両親はそれをとめることも出来ないのである。

もっとも、「鬼の子小綱」の話では、三人が家に帰ってきたところで、めでたしめでたしというわけで、片子の自殺のような悲劇が生じない話もある。その際は、その子どもが鬼と人間との間に生まれたために生じる葛藤については、まったく触れられていない。この葛藤が話題となるかぎり、結末は悲劇になりやすいようである。

『日本昔話大成』は、「鬼の子小綱」の多くの類話の要約を記載しているが、このなかで、片子の葛藤が語られているものの結末のみを示す。②子どもは帰って人間と一緒に住めないといって海に身を投じて死ぬ(奄美大島)。③子は母を助けると消えてしまう(新潟県栃尾市)。④片(子どもの名前)は、半分鬼なので日本では暮らせないので父のところに帰る(宮城県登米郡)。⑤小綱は成長して人間が食いたくなり、小屋をつくって入り自ら焼け死ぬ。その灰から虻蚊《あぶか》ができて人間の生き血を吸うようになる(岩手県遠野市)。

以上であるが、類話のなかには、子どもが「片角の子」だとか「片角子」だとか述べながら、三人が帰宅して話が終り、片角子の葛藤についてはまったく触れられないのもある。なお一つだけ注目すべき例として、宮城県伊具郡で採集された話として、⑥子どもは首が鬼で下は人間、という上半身と下半身にわかれた姿をもつのがある。この結末は、子どもは角が生えて家にはいれないが、その時は正月で、門松のおさえにしている棒で角をこするともげる、ということになっている。

片子の自殺があまりにショックなので、ハッピー・エンドになるのはないかと探したが、なかなか見つからない。やっと次のような類話を見つけた。稲田浩二らによる『日本昔話通観4 宮城』(6)によるものである。

⑦子どもの名前は「幸助」と言い、結末の部分は、次のようになる。幸助は大きくなると、毎日のように「お母さん、なんだかこの頃、人が食いたくて我慢ができないから、俺を瓶のなかに入れて庭の隅に埋めてくれ。そして、三年たったら掘り返して欲しい」と言う。お母さんはとてもそんなことはできないと言っていたが、幸助がしきりに言うので、泣く泣く瓶に入れて埋めてしまった。三年後にその瓶を掘り返すと、銭コがいっぱいはいっていた。

子どもがお金に変化して、それをめでたいと考えるかどうかはともかくとして、一応、価値ある変容を遂げたものと考えておくことにしよう。この話で子どもの名が「幸助」というのも面白い。両親に「幸福」をもたらす子とでも考えたためであろうか。

なお、積極的なハッピー・エンドとも言い難いが、次のような結末もある。⑧子どもが見えなくなる。探しているうちにつかれて眠る。氏神が夢に現われておまえたちを助けるために子どもになってきたのだから探さなくともよいと告げる(富山県中新川郡)。

①の話をもとにして、片子の話について少し考えてみよう。この話では一人の女性に対して、木樵と鬼とが対立的に出現している。この話で特徴的なことは、鬼ヶ島に対して、「日本」という表現がよく出てくるので、この二人の男性を、日本の男と異国の男という捉え方をすると、日本男性の人の好さというか、頼りのなさがよく出ているようにも思う。「あんこ餅が好きか」と聞かれて、「女房と取り替えてもいい」と言いつつ、

貰ったあんこ餅をたらふく食べ、後で女房を取られたことを知って、こんなはずじゃなかったのに、と驚くところなど、なかなかうまい描写である。男は妻を探しに行き、鬼と勝負することになるが、子どもの助けによって切り抜ける。つまり、まともな勝負では勝てないのである。ここで援助してくれる子どもが、男自身の子どもでないのも興味深い。この子どもは、別にこの男を助ける気はなく、日本に帰りたがっている母親の願いを成就させるために、男が勝負に勝つようにしたのかも知れない。大切なのは母子の結びつきなのである。

日本に帰ってから、片子は「誰も相手にしてくれず、だんだん日本に居づらくなる」という記述は、日本人の持つ排除の姿勢を端的に示しているように思われる。そこで、片子が抗議したり、戦ったりするのではなく、自殺の道を選び、それを両親がとめもしないところも、日本的と言えば日本的である。類話②、⑤においても自殺が語られている。④では、子どもは日本では暮らせないので、父のところに帰ったとある。鬼との勝負にはいろいろと知恵をはたらかせた片子も、日本のなかにおいて、じわじわと押し寄せてくる圧力に対しては、何らの打開の方法も見出せなかった。彼にとって出来ることは、父の国に帰るか、自殺をするか、ということであった。

①の話に戻ると、母親は泣く泣く片子の言ったとおりに、体を細かく切って串刺しにしておく。すると鬼が来て「自分の子どもを串刺しにするとは、日本の女はひどい奴

だ」と言う。この「日本の女」というのを、個人としてのこの女性というのではなく、「日本人の母性というものは」と置きかえて考えてみると、鬼の科白がよく了解されるように思われる。つまり、片子という異分子の存在を許さない一様性を尊ぶ社会の在り方、世間の力には抗し難いとして、わが子の自殺を黙って見ている両親の態度、それらを日本人における母性の優位性と結びつけて考えられないだろうか。鬼の非難は一個の女性に向けられているのではなく、男性も女性も含めて、日本人に共通にはたらいている強い母性に対して向けられているように感じられる。

しかし、結局のところ、鬼は退散する。日本人は鬼を退治などしないが、ともかくそれが入り込んでくるのを防ぐのである。

三　文化比較

「片子」の話を、日本人の特性を反映しているものとして論じたが、このようなことを言うためには、他の文化圏の昔話と比較することが必要である。まったく類似の話が他の文化圏に多くあるときは、「片子」の話をすぐに日本人の特性に結びつけることは危険であると考えられる。そこで、世界の昔話のなかの類話を探すと共に、片側人間、および、主人公の自殺という点にも焦点をあてて考えてみることにした。

ところで、『日本昔話大成』を見ると、「鬼の子小綱」の類話として、アールネ＝トムソンのモチーフによる「子どもと鬼」(AT 327)をあげており、また小澤俊夫は、ポーランドの昔話「マディの寝床」をあげている。(7) 前者は「ヘンゼルとグレーテル」に似た話で、鬼に捕えられた子どもがそこから逃げてくる話、後者は、商人が悪魔に息子の魂を売ることになったが、その息子が成人してそれを取り返してくる話で、われわれが関心をもっているような意味での「片子」の類話としては取りあげることができない。これらの事実は、「片子」の話が世界的に見ても類話を見出し難く、なかなかユニークなものであることを示している。

ところで、話全体ということではなく、「片子」の半人半鬼的存在ということにのみ焦点を合わせると、このような「片側人間」は世界的に相当広く神話や昔話のなかに存在していることを、ロドニー・ニーダムが指摘している。

ニーダムは、まず「片側人間」として、「身体の一方の側だけからできている想像上の人間」をあげ、そのような話を「世界中で見出すことができる」ことを例をあげて示し、「片側人間のイメージは、普遍的とはいわぬまでも、世界大的分布をもっている」と述べている。続いて人体が縦または横に二分され、それが異なった性質を帯びる(つまり、片子のような)存在も考察の対象とすべきだとし、そのような例をあげている。たとえば、「西アフリカのイボ族では、ある儀礼を済ませた男は身体の半分が人間、半分が精霊になると考えられている。それで身体の右半分を黒く、左半分を白く塗る。相反する性格をもつ二つの半身が一体となっている」と述べている。ここで、体を白、黒に塗り分けるのは道化の衣装を連想せしめて、興味深く感じられる。

ニーダムはこのような例を多くあげた後、その結論として、「片側人間という文化表象を一つの元型《アーキタイプ》という心理的要素に起因するものと考える」と述べ、これによって小松和彦を「ひどく失望させる」のである。このことは、このような研究にはある程度避けられぬことで、ある特徴的な文化表象を研究する際、その類似と差異とのどちらの方に重点をおいて見るかによって生じる差であると思われる。すなわち、ニーダムは世界各地に存在する片側人間の類似性の方に注目し、それらに共通の元型の存在へと結論づけていったのに対して、小松はむしろ、日本の昔話のみに限定しても、そこに認められる微妙な差に注目し、「日本文化の内奥に潜む複雑な差異体系へと私たちを導いていく素晴らしい案内人」として片側人間というイメージを見てゆこうとしているのである。

筆者の立場は、「片側人間」が元型であるかないかという議論は暫くおくとして、ニーダムも指摘するように、世界的に相当なひろがりをもって存在している片側人間というイメージのなかで、わが国の「片子」という存在が、いかに他と異なるかを示し、それによって日本人の心の在り方、あるいは、日本文化の特性を見出そうとするものである。それに、心理療法という仕事をしている関係で、どうしても現代に生きる人間にとっての課題という点にまで筆をすべらせてしまう傾向をもっている。

ニーダムの論文や、その他の筆者の及ぶかぎりの知識などから考えても、そもそも主人公の自殺ということは極めて稀なことと言わねばならない。そこで、片子の自殺という昔話が他に存在するのだろうかという疑問が湧いてきて、グリムの昔話のなかに、どれほど自殺ということが語られているかを調べてみた。このことは既に前章に論じたので簡単に述べるが、結論を言うと、グリムには自殺の話がほとんどないと言ってよい。「お墓へはいったかわいそうなこぞう」では、孤児が養父母に虐待され、自殺する話。「熊の皮をきた男」では、三人娘のうちの姉二人が主人公と結婚できなかったことを怒って、井戸に身を投げたり首をくったりして死ぬ。もう一つは、グリムの一八一二年版には収められていたが後に棄却された話で、「子どもたちが屠殺ごっこをした話」において、子どもたちが「屠殺ごっこ」をして兄が弟を殺しているのを母親が見て、腹立ちまぎれに兄を殺す。しかも、この間に赤ちゃんも湯につかって死んでしまうので、母親はやけになって首を吊って死ぬ。この話がなぜ後になって棄却されたかは不明だが、おそらくあまりにも陰惨なので、グリム兄弟が削除したのではなかろうか。

これはグリムにもこのような話があったのかと思わされる話であるが、それにしても、グリムの全部のなかで、これだけだから自殺の話というものが案外少ないことがわかるし、片子の話のユニークさを明らかにしてくれるものである。「お墓へはいったかわいそうなこぞう」の場合は、確かにかわいそうな子どもが、ある意味で「居づらくなって」自殺してゆく点では「片子」と同じであるが、全体のコンテキストはまったく異なるものである。

念のため、スティス・トムソンのモチーフ・インデックスの「自殺」の項目を見ると、これには世界の昔話のなかの「自殺」のモチーフをもったものが収録されており(残念ながら日本の「片子」は洩れていたが)、世界に目を広げると自殺の話も相当あることがわかった。ただし、「片子」と類似性を感じさせる話は見当らなかった。

ここで「片側人間」に話を戻して、昔話ではないが、ひとつ是非触れておきたい物語がある。それは現代の作家イタロ・カルヴィーノの作品『まっぷたつの子爵』[8]である。カルヴィーノは昔話に対して深い関心をもち、自らイタリアの昔話を編集したりしただけあって、この話も相当に昔話風の感じを与える。この物語の主人公、メダルド子爵は戦争に行き、弾丸に当って、まっぷたつに引き裂かれたが、その両方の半分がそれぞれ生きながらえ、片方はまったくの善玉、他の一方はまったくの悪玉になる。物語については省略するが、要はこの二つの「片側人間」がいかにして、元の一つの統合体になるかに焦点がおかれる。最後のところでは、善半と悪半の決闘となり、両者が相手をそれぞれ真向幹竹割り、と言っても、まっぷたつにされた線に沿って切りつける。そこで両者の血管という血管が断ち切られ、とび散った血が混りあい、その結果、両者はうまく結合されて、元の一人に戻るのである。

この物語は寓話的な構成によって、現代人の心に存在する縦の分裂と、それが癒される過程について述べている。「片側人間」は時代を超えて存在しているのだ。物語の結末で「片側人間」が元の一人の人間に戻るとき、お互いに相手を幹竹割りにしたというのは、自殺行為と考えられないこともなく、片子の自殺のことが思い出されて興味深い。片側人間は常に死と対面しているということを、それは示しているのであろうか。

四　異類聟の死

片子の自殺から連想されることに、日本の昔話のなかでしばしば語られる異類聟の死、ということがある。そもそも片子は鬼という異類の夫と人間の妻の間に生まれた子であり、小松和彦も片子のことに端を発して、結局は日本の昔話における異類婚姻譚全体のことを問題にしているのである。筆者も異類婚については、そのすべてに対して関心をもっているが、ここでは片子の死との関連で、異類聟の死のことを考えたいのである。

昔話における異類婚の問題は極めて興味深く、大きいもので、とうていこの紙面内に論じることは出来ない。既に小澤俊夫が画期的な研究成果を発表し(9)、筆者もそれを踏まえて、日本の昔話における異類女房の場合については、自分の考えを『昔話と日本人の心』において相当に論じておいた。それらについてここに繰り返すことはしないが、ひとつだけ強調しておきたいことは、異類女房の「異類」に対してはアンビバレントな態度が認められ、それを人間以下のものと考える態度と、人間より高い次元のものと考える態度がある、という事実である。つまり、物語に登場する「異類」は人間にとってプラスにしろマイナスにしろ不可解な何かを表わすものなのである。

ところで、日本の昔話における異類女房と異類聟とを比較してみると、そこに著しい差が見られる。つまり、異類女房は本性が露見したときに立ち去ったり、消え失せたりするが、殺されることはないのに対して、異類聟はしばしば殺害されるのである。

たとえば「猿聟入」(10)という話を取りあげてみる。この話は日本全国にわたって分布しており、『日本昔話大成』には一五〇ほどの類話が記載されている。話の要約を次に示す。父親と三人の娘がいる。父親が自分の畑に全部水を張ってくれる人がいるなら娘をやろうと言う。そこで一匹の猿が畑に水を張り娘をくれと言う。父親が娘に頼むと姉二人は断るが末の娘は結婚を承諾する。彼女は猿と結婚し、自分の父親を訪ねるためのみやげとして、猿に餅をつかせる。臼に入れた餅をそのまま猿に持たせて里帰りするが、猿は持ちにくくて苦労する。次に桜の花が美しいからみやげにするためにとって欲しいと頼む。猿は嫁に言われて枝の先へ先へと登ってゆくうちに枝が折れて、川に落ちて死ぬ。嫁は実家に帰り父親と幸福に暮らす。

この話で特徴的なことは、何も悪いことをしなかった、というよりはむしろ善いことをした猿が人間の策略によって殺されてしまうことである。これは、片子が善いことをしながら、死なざるを得なかったことと軌を一にしているとも思われる。ここには猿聟の場合を取りあげたが、鬼や蛇の聟の場合でも似たようなことが語られるのである。

三人の娘をもった父親が約束をしてしまったため、娘の誰かが異類(多くは怪物とか野獣)と結婚しなくてはならず、姉二人が拒否をするが、末娘が結婚するという話型は、西洋のいわゆる「美女と野獣」型の話として、多く存在している。そして、西洋においては、女性の愛によって野獣が人間に変身して(と言っても、もともと人間だったのが魔法によって変身させられており、魔法がとけて元に戻るのだが)、めでたしめでたしとなるのが一般的である。これに対して、日本の物語はまったく展開が異なるのである。

これはいろいろに解釈し得るであろうが、筆者として一番強く感じられたことは、男性的なものの否定ということであった。人間世界へ異類がはいりこんで来るという話は、心理学的に見れば、意識界へ無意識界から何らかの心的内容が侵入してくることと考えられる。そのとき、異類聟というイメージは何らかの男性的要素を持つものであり、それは結局のところ排除されてしまうのである。ここで、何らかの男性的要素と言ったことには、もう少し説明が必要である。

話を一番最初の「片子」に戻してみると、そこには、一人の女性に対して日本人の夫と、鬼の夫という二人の男性が関係していることが認められる。そして、その間に葛藤が生じるが、人間の夫が最後には残り、鬼は排除される。その間に、半人半鬼の片子が活躍するのだが、その片子の存在を犠牲にして、人間の夫婦の安全が保証されることになる。つまり、男性性が二つに分けられ、ある半面は許容されるが、ある半面は排除されるし、両者の中間的存在の片子まで否定される。

このことは、既に述べたように一九八六年四月に筆者がサンフランシスコで講演をした際、その前日にアメリカの有名な神話学者ジョーゼフ・キャンベルと共にセミナーを行ったのだが、そのときのキャンベルの講義内容を想起させるものがある。

キャンベルの話の大筋を述べると、ヨーロッパはもともと農耕民族であり、地母神を祭る宗教を背景に母性性の強い文化をもっていた。そこへ牧畜民のキリスト教という宗教が後からはいってきて、それは父性性の強い文化を築くことになった。その傾向が現代に引きつがれ、アメリカにおいては特にあまりにも強い父性のために多くの社会問題が生じてきている。それを補償するために、アメリカにおいて、母性の復権を考えねばならない、ということになる。もちろん、キャンベルはこのことを言うために、彼の該博な知識や、ヨーロッパ古代における地母神の映像などを駆使して、説得的な議論を展開するのだが、彼の話の一番の要点は前記のとおりになるのである。

これを聞きつつ筆者の考えたことは、わが国において最近では、むしろ父親の復権とか、強い父性像の必要性などが多くの人によって説かれ、それはアメリカにおける母性の復権の必要性と対応していて興味深いが、日本人が復権しようとする父親は、あくまで農耕民族的父親であって、本当のところは、キャンベルの話から考え、世界史的に考えても、現代の日本人が必要とするのは、むしろ牧畜民族的な父親であることに気づいていないのではないか、ということであった。それは、父親の復権などということではなく、そのような父親像をかつての日本文化のなかで見出すのは、困難であり、あたらしい創造的な姿勢を必要とするものと言うべきである。

この点をはっきりとおさえておかないと、現代のわが国における教育において、父権の復権の主張が、妙なスパルタ教育や昔の軍事教練の復活を思わせるような馬鹿げたものにつながってゆくことになるのである。農耕民族にも牧畜民族にも、もちろん父親も母親も存在するのであるが、そこで、どちらか一方の特性が尖鋭化され、あるいは深められして、地母神のイメージや天なる父のイメージへと変容されてゆく。それらがそれぞれの文化において中心的役割を演じ、キャンベルの言うように、農耕民族の文化を母性的な文化、牧畜民族のそれを父性的な文化と呼ぶことができるが、それぞれの文化において、それを補償するはたらきとしての父性と母性の存在もまた認められる。しかし、日本において「父よあなたは強かった」と言われた、強い父は、あくまで母性に奉仕する父としての強さであったことを、われわれはよく認識しておかねばならない。

「片子」の話において、わが子が世間の力に屈して死地におもむこうとするとき、黙ってそれに耐える強さを、日本人の父はもってはいるが、世間に向かって「片子」のために戦う強さをまったくもっていないところに、日本人の父親像が端的に示されている。彼は片子が、自分と自分の妻を死地から救出してくれたことを知りつつ、世間に対しては何もできないのである。このような父親像とは対照的な鬼を、牧畜民型の父性の顕現と考えてみてはどうであろうか。何事にも耐え、何事も受けいれるかに見える日本人も、この鬼の侵入だけはどうしても防ぎたいのである。

あるいは、猿聟入の猿を、牧畜民型の父性と考えてみてはどうであろうか。娘といつまでも幸福に暮らしたいと願う父と娘との結合は固く、そこに侵入してこようとする新しい父性に対しては、奸計をもって殺害してでも対抗しようとするのである。

五　現代人の課題

既に述べたように、筆者としては現代人の課題という点にまで話を及ぼしてゆきたいので、異類婚譚における細部の検討に、いろいろ興味深い点も残されているが、それは他の機会に譲ることにして、先を急ぎたい。ただ、異類婚譚において、異類女房に対しては殺害が生じないが、異類聟に関してはしばしば殺害が生じる事実は極めて大切であり、この点は強調しておきたい。猿聟の場合の類話には、嫁が「人間と猿半々の子を捨て」などという「片子」の主題をもったものも見られる。(11)筆者の調べた範囲では、このような「片子」が生じるのは、日本の昔話においては異類聟の場合にのみで、異類女房の際には生じないので、既に述べた父性の問題につながると考えられるのである。

現代の日本に生きるわれわれとしては、西洋文化との接触が増したことや、歴史全体の流れということもあって、これまで日本民族にとってあまりなじみのない、牧畜民型の父性を取り入れることを試みねばならない。われわれの取りあげた昔話に即して言えば、せっかく日本に連れ帰った片子を自殺させてはならないのである。

片子の悲劇は、現代日本において多く認められ、社会問題としても取りあげられている、いわゆる「帰国子女」の悲劇を想起させる。長期間にわたって海外に滞在した両親と共に住み、その後日本に帰ってきた子どもたちが、どれほど「居づらく」感じ、自殺を強いられるほどの状況にいるか、その点について詳述は避けるが、(12)そこには明白に「片子」の問題、つまり、欧米型の父性の侵入に対する、日本人の母性的一体感による無言の排除の姿勢が、端的に認められるのである。

それではわれわれはどうすべきか。ひとつのヒントは先に示した類話⑦に認められる。片子を瓶に入れて土に埋めたことは、適切なインキュベーションの期間をもったというように考えられる。片子を自殺に追いやることなく、それを抱きしめて暮らすこと。もっともそれがお金になったことは、お金そのものとしてよりは何か貴重なものに変化したと考えるべきであろう。それにしても、これは間接的に片子の死を語っているとも考えられるので、あまりいいヒントとは言えないようである。

次に類話⑤を詳しく見ると、片子が祖父にむかって、自分は人間が食いたくなって困るので、殺して欲しいと頼むが祖父が聞きいれず、とうとう片子が自殺することになっている。この片子の殺人の依頼は、既に前章に論じたグリムの昔話における「黄金の鳥」における同様のモチーフを想起せしめる。この物語では、主人公を助けて常に活躍した狐が、最後のところで主人公に対して、自分を殺して体をバラバラにしてくれと頼む。はじめは拒否していた主人公がとうとう狐の願いどおりにすると、狐は変身して王子様になるのである。

日本の片子の祖父も、孫の願いを聞き入れて殺す勇気をもっていたら、そこに素晴らしい変身が生じたであろうか。おそらく答えは否であろう。西洋の狐はもともと王子であったのが魔法によって狐にされていたのであり、最後のところで魔法がとけ、元の姿に戻ったのである。片子の活躍ぶりは確かにグリムの狐とよく似ているが、彼は魔法と関係なく、人間と鬼との間に生まれた子どもなのである。われわれが西洋流の変身を願って、片子を殺しても、それほど望ましいことは生じないであろう。

類話⑤では、自殺した片子は変身して虻や蚊になったという。原話をみると蛭になったとも書かれており、ここから日本神話における蛭子《ひるこ》との結びつきまで連想されてくるが、今回はそれには触れぬことにしよう。

　現代に生きる日本人としては、片子を自殺に追いやらず、さりとて西洋流の変身を期待して殺害することもなく、片子を生かし続けることにより、そこにどのような新しいファンタジーが創造されてくるかを見とどけること、その新しいファンタジーを生きることに努力を傾けることが課題となるであろう。

　このようなことを既に述べたように、サンフランシスコやロスアンゼルスで語ったとき、聴衆の反応から、多くの現代人がその在り方こそ異なるものの、何らかの片子を心の中に抱きかかえて苦闘していることを知ったのである。講演の企画者からの礼状には、「片子は昔のことではなく、われわれ一人一人の心の中に存在していることを感じさせられた」と述べられていた。日本の昔話「片子」の線に沿って論をすすめてきた筆者としては、日本人にとっての新しい父性の問題を中心にして論じてきたが、ニーダムの言うような普遍的な片側人間のイメージを考えると、その分裂は、いろいろな意味合いをもってくるであろう。カルヴィーノはそれを善と悪との分裂として捉え、悪を失った善がどれほど「始末におえぬ」ものであるかを生き生きと物語っている。実際、われわれは純粋な善がどれほど恐ろしいかを、毎日のように体験していると言ってもいいであろう。アメリカがヴェトナムで、ソ連がハンガリーで「善意」によってどんなことをしたかを考えてみるとよい。善悪の片子の問題は現代において深刻である。アメリカの聴衆のなかには、片子の問題を、ものとこころの断絶として捉える人もあった。あるいは、日本人とアメリカ人の問題と考える、二世、三世の人も居た。

このように考えてゆくと、現代人で心の中に存在する片子を意識しない人は無いと言っていいのではなかろうか。そして、現代人にとっての課題は、そのような片子を排除することなく、あくまで生かし続け、彼が創造するファンタジーを受け容れてゆくことであると考えられる。

注

(1) ロドニー・ニーダム、長島信弘訳「片側人間」『現代思想』一九八二年六月号、青土社。
(2) 小松和彦「日本昔話における異類婚姻」『日本語・日本文化研究論集 共同研究論集』第3輯、大阪大学文学部、一九八五年。
(3) この点については下記に述べた。拙稿「物と心――アメリカで考えたこと――」『図書』442号、岩波書店、一九八六年。
(4) 小松和彦「異類婚姻の宇宙――「鬼の子」と「片側人間」」『へるめす』第10号、岩波書店、一九八七年。
(5) 関敬吾他編『日本昔話大成』全一二巻、角川書店、一九七八―八〇年。
(6) 稲田浩二・小澤俊夫『日本昔話通観4 宮城』同朋社出版、一九八二年。

(7)　小澤俊夫『世界の民話』解説編、ぎょうせい、一九七八年。なお、「マディの寝床」は、『世界の民話』東欧Ⅱ、に収録されている。

(8)　イタロ・カルヴィーノ、河島英昭訳『まっぷたつの子爵』晶文社、一九七一年。

(9)　小澤俊夫『世界の民話――ひとと動物との婚姻譚』中公新書、一九七九年。

(10)　『日本昔話大成』では、一〇三番に分類されている。

(11)　『日本昔話大成』、山形県最上郡採集の類話。

(12)　これについては下記を参考にされたい。大沢周子『たったひとつの青い空――海外帰国子女は現代の棄て児か』文藝春秋、一九八六年。

3　日本人の美意識——日本の昔話から

一　うぐいすの里

日本文化の問題について、筆者はこれまで多くの発言を重ねてきた。特に『古事記』の分析より得た「中空構造」[1]の考えや、日本の昔話の分析によって提示した「女性の意識」という考えは、日本文化の根本に深く関連するものとして、今も筆者にとって極めて有用なものであり、その点について基本的にはあまりつけ加えるべきこともない。今回はそのような考えを踏まえて、それを日本人の美意識という観点から検討してみた。ここに述べることは、従って、筆者の今までに発表してきた論と重なる部分のあることを、最初にお断りしておきたい。

日本の昔話を論ずるにあたって、前著[2]において、まず最初に「うぐいすの里」を取りあげた。これは日本の昔話の本質を見事に示している物語と思ったからである。この話をごく簡単に述べると次のようになる。若い樵夫が森の中の今まで見かけたこともない館にはいる。美女が出てきて男に留守を頼んで外出するが、「つぎの座敷をのぞいてくれるな」と言い残す。男は禁を犯して座敷にはいり、見事な調度をそろえた部屋を通って七番目に到る。そこにあった三つの卵を手に取り、あやまって落とす。そこへ帰ってきた美女は、さめざめと泣きながら恨み言を言い、うぐいすとなって、「娘が恋しい、ほほほけきょ」と鳴いて消え去ってゆく。男は何もかもが消え去った野原に一人残される。

これは「うぐいすの里」の多くの類話のなかのひとつを示したものであるが、細部においては類話によっていろいろと差が生じてくる。それらのすべてについて前著では表に示し検討したが、ここではそれを省略し、この話を、特に西洋の昔話と比較するとき、極めて日本的と感じられたことは、せっかく若い男女が会いながら、結婚ということも生じずに、女性が立ち去ってゆく点にある、ということのみを指摘しておきたい。日本の昔話に、男女の結合の主題が少ないことは、つとに西洋の昔話研究家が指摘しているところである。

既に『昔話と日本人の心』において詳述しているのでここには詳しく論じないが、西洋の「見るなの座敷」の類話を見てみると、西洋では日本と逆に、禁じる者が男で、禁を犯すのは女であり、女が「見るなの座敷」のなかに見るのは、死体や、死体を食べる夫などの醜悪なものになっている。禁を犯した者に対しては、死刑などの罰が加えられることになっているのが常であり(この点わが国の話は無罰が多いのが特徴的であるが)、そこに、他の男性が救済に出現、その男性と結ばれることになって話が終る。このように西洋においては、ハッピー・エンドで話が終るのに対して、わが国の昔話は、どのように解釈すればいいだろうか。西洋的に言えば、日本の昔話では、「何も起こらなかった」とさえ言えるのである。昔話の有名な研究家リューティは、日本の昔話が西洋のそれと異なる点を論じているなかで、「禁令の違反はヨーロッパの昔話の場合のように冒険をよびおこし、それによって主人公の身分があがっていくということはまれのようで、ヨーロッパで言えばむしろ伝説の場合のように、すべてを失った無の状態に至るのです(3)」と述べている。

ここで筆者は、リューティの言う「無の状態」は必ずしも否定的に解釈されるとは限らず、むしろ、日本の昔話は積極的に「無」を語ろうとしているのではないか、と考えた。わが国の物語における、無や空の重視については、既に他に論じたので、今回はそれと関連しての「美」の問題について考えてみたい。この物語に示された美の問題は、日本人の美意識を考える上での、ひとつの手がかりを与えてくれるように思われるのである。日本人にとって美ということは、後にも示すように日本人の在り方と大きくかかわることなのである。

「うぐいすの里」の物語には多くの類話があるが、禁止を犯して見た座敷内の光景は、ほとんどの場合、極めて「美しい」ものである。一番多いのは「梅にうぐいす」である。その次は、稲の生長してゆく姿であるが、いずれにしろ、「自然の美」がそこに示されているのが特徴的である。これは西洋の――たとえば「青ひげ」の物語のような――陰惨な光景とは極めて対照的である。いったい、日本の物語における、この「美」は何を意味しているのか、どのようにこれを考えるべきなのであろうか。

二　浦島太郎における美

浦島太郎については、既に他に詳しく論じたので、それを繰り返す気はないが、ここではわれわれのテーマとしている「美」との関連において、少し述べておきたい。

「浦島」の話は、『日本書紀』『風土記』などに語られているものから、現代一般に知られているものまで、相当な変遷を経てきている。もともとは亀の報恩の話などまったくなくて、『風土記』では、五色の亀が女性に変身し、その変身した「亀姫」と浦島が結婚するのである。この話が時代と共に変貌するのだが、そのなかで「御伽草子」に述べられている「竜宮城」の記述を見てみよう。

この竜宮城は四方に四季の自然が見られるところが特徴的で、「まづ東の戸をあけて見れば、春のけしきと覚えて、梅や桜の咲き乱れ、柳の緑も春風に、なびく、霞のうちよりも、黄鳥の音も軒近く、いづれの木末も花なれや。南面をみてあれば、夏の景色とうちみえて、春をへだつる垣穂には、卯の花やまづ咲きぬらん、池のはちすは露かけて、汀涼しき漣に、水鳥あまた遊びけり。木々の梢も茂りつつ、空に鳴きぬる蝉の声、夕立過ぐる雲間より、声たて通るほととぎす、鳴きて夏とは知らせけり」という有様で、続いて、西は秋、北は冬の描写がながながと語られるのである。現代一般に知られている「浦島太郎」の物語では、浦島と乙姫の結婚などは消えてしまっているが、竜宮城の「絵にも描けない美しさ」を強調する点は残っているわけである。

ところで、ソ連の民話研究者キリル・ヴェ・チストフが浦島太郎について面白いことを報告している[4]。彼が四歳になる孫に「浦島太郎」の物語を読んで聞かせていたときのことである。浦島が竜宮に行き、「四方を春、夏、秋、冬が同時に支配している宮殿と華麗な庭園の描写が長々と続く」ときに、「孫がこういう描写には全然興味を持たず、何か別なことを期待している様子」なので、チストフは、孫に何を考えているのかを尋ねた。

「いつ、そいつと戦うの?」というのが孫の答えであり、「そいつ」とは、竜を意味していた。「竜宮」という限り、竜が住んでおり、主人公がその悪い竜と戦って勝つことを、彼は期待していたのである。孫は結局は、話の終りまで聞いていたものの、「主人公が竜と戦わず、また物語に出てくる竜王の娘と結局のところ結婚もしなかった理由はとうとうわからずじまいだった」のである。

このことは、「英雄による怪物退治」が、欧米人にとってどれほど大切であるかを示している。西洋の子どもにとって、「竜宮城」などと言いながら竜が出て来ない話など、考えることができないのである。ところで、男性と女性の結婚ということは極めて高い象徴性をもっている。「相反するものの結合」として、それは考えられるが、そのような統合性の象徴として、浦島の物語では自然の四季の共存ということが語られていると考えられないだろうか。

ここで注目すべきことは、同じ「統合」の象徴と言っても、西洋では男性と女性という人間が用いられているのに対して、わが国では、自然の美が用いられていることである。ここで「自然」というのを、人間に対するものとしての「自然」というのではなく、人間もすべてをこめて、何もかも一体の状況として捉えるならば、西洋における「竜殺し」の話は、そのような混沌としての「自然」を壊すこと、というように受けとめられるかも知れない。母なる自然を殺さないかぎり、西洋の近代的自我は確立しない、とも言える。

このように言うことによって、日本の方が西洋より優れているとか、よいとか言う気はない。この点については、浦島太郎の不幸な結末を見ても、そう手放しで喜んでばかり居れぬことは明らかである。『万葉集』に語られる「浦島」では、最後に主人公は死んでしまうのである。

もちろん、このような「悲劇」的な終りを何とかして変えようとする心の動きが生じるのも当然のことである。数多くの「浦島」の類話のなかには、そのような試みが認められるものもある。その点については次に述べる。

三　葛藤の美的解決

日本の昔話の「見るなの座敷」には、自然の美が隠されており、西洋の陰惨さと異なると指摘したが、実のところ、日本神話においては、西洋のそれに近いものがあると気づかれた人は多いであろう。イザナキが死んだ妻のイザナミを訪ねて黄泉《よみ》の国へ行き、彼女から見てはならないという禁を課せられたのに、それを犯して見たものは極めて陰惨なものであった。イザナキはイザナミが自分の姿を見ないようにと禁止したにもかかわらず、火をともしてイザナミを見た。彼女の姿はうじがたかり、凄まじい様相であった。イザナミは大いに怒ってイザナキの逃げるのを追いかける。しかし、彼はやっと逃げのびて、この世とあの世の境に「千引《ちびき》の石《いわ》」をおき、助かるのである。しかしイザナミの怒りはおさまらず、イザナキの国の人間を一日に千人殺すであろう、という。これに対して、イザナキは、一日に千五百人の子が生まれるようにする、と答える。これは真に素朴な形ながら、両者の間にある種の妥協が成立したことを意味している。

同じ「見るなの禁」を犯しても、神話の場合は、汚い姿を見ることになるのに、昔話ではどうしてこのようになるのか。この点について考える手がかりとして、日本神話における、もう一つの「見るなの禁」について考察してみよう。それはホオリノミコトとトヨタマヒメの物語である。よく知られている海幸・山幸の神話において、ホオリノミコトは海底の国のトヨタマヒメと結婚し、その後に陸に帰ってくる。トヨタマヒメは妊娠して、子を産むためにやってくるが、自分が子を産む間、産殿のなかを見てはならないと禁止する。ところが、夫のホオリは産殿をのぞき見すると、トヨタマヒメはワニの姿に変じて子を産んでいる。ホオリは驚いて逃げるが、トヨタマヒメは、自分の姿を見られて恥ずかしいというので、海底の国に帰ってしまう。ところで、この後の話の展開が興味深いのである。トヨタマヒメは、夫を恨みながらも恋しい心をおさえられず、歌を夫におくり、ホオリの方も、あなたを忘れることはない、という歌をおくり返すのである。

この話において注目すべきことは、禁止を破ったホオリに対して、トヨタマヒメは恨みを感じながらも、イザナミのように怒りにまかせて罰を加えようとしないところである。（これは己の裸身を見られたことに対して、アルテミスがアクタイオンに向けた怒りの凄まじさと、極めて対照的である。）そして、結局のところは互いに歌を交換することによって終りとなるのである。禁止を破るものと破られたものとの間の葛藤が、歌の交換という形態によって、何となく解消される。実はこのパターンは浦島の類話のなかにも認められるのである。このことは西洋人から見るときは、極めて珍しいことに感じられるのではなかろうか。筆者の友人の、アメリカのユング派の分析家ジェームズ・ヒルマンは、日本人は「葛藤の美的解決」ということがうまいのではないか、と言ったが、そのことがここにあてはまるようである。二者間の葛藤は、論理や道徳によって簡単に解決できるものではないし、たとい解決されたとしても不満が残ることが多い。これに対して、日本人はそれを美的に解決する、というのである。

このように考えてくると、イザナキ・イザナミの話から、ホオリとトヨタマヒメの話を経て、「うぐいすの里」に到るにつれて、葛藤の美的解決の様相が濃くなっているように思われる。この点を踏まえて、この問題を少し西洋のものと比較してみることにしよう。

四　日本と西洋と

禁止を破ることに関して、西洋人であるならばすぐ思いつくのは、イヴが神による禁断の木の実を食べたことであろう。日本神話においては、禁止するものは女神であり、禁を破るのは、その夫の神である。ユダヤ＝キリスト教神話においては、禁を課すのは神＝男性であり、破るのは人＝女性である。しかし、その日本・西洋のいずれの場合においても、禁を破った後で、重要な「分離」という現象が生じていることは注目に値する。つまり、日本神話の場合においては、イザナキが黄泉の国とこの世の境に「千引の石」をおき、この世とあの世の分離を明確にしている。また、キリスト教神話においては、人間は楽園を追放され、神の国と人の国は明確に分けられることになる。ものごとを「分離」することは、人間の意識の機能のうちの重要なもののひとつである。人間は意識によって、混沌のなかに区別を与え、天と地、善と悪、光と闇などの分割を行うのである。人間にとってこのような意識をもつこと、知ること、は重大なことであるとともに、そこには大きい犠牲が必要なように思われる。聖書によれば、神は人間が「善悪を知る木」の実を食べることを喜ばなかった。つまり、人間は「知ること」の代価として、原罪ということを背負いこむことになった。これは大きい犠牲である。

日本においては、事は神と神の間で起こり、神と人との間で起ったのではない。しかし、日本の神話全体を読めば、神と人との間はキリスト教ほど峻別されていない、と感じられる。また、ここにおいて「知ること」の結果、明確にされるのは、この世とあの世との区別であり、神と人との区別ではない。イザナキに見られたイザナミは、怒って彼を殺そうとしたと思えるので、そこに罰の考えもあると思うが、イザナミが「吾《あれ》に辱《はぢ》見せつ」と言って追いかけるので、見ることの罪よりも、見られたことの恥の方が先行しているところが特徴的である。トヨタマヒメの場合も、ホオリに姿を見られたとき、「是れ甚作《いとは》づかし」と言っており、恥の感情は明らかにされるが、罪のことは述べられていないのは、既に述べたとおりである。

わが国の話において、禁じる者がすべて女性であることが特徴的である。これに対して、西洋の物語では男性が禁止を与える。このことは、西洋に関しては次のように考えられないだろうか。唯一の至高の神は人間に「知ること」を禁じる。それを破った人間は原罪をもち、神と人との絶対的な区別を明らかにされ、生きることになる。以後、神は人間にとって至高の存在となるが、神こそはまったく完成された存在であり、悪を知らぬ、欠点のない存在となる。

ところで、西洋の昔話において、女性に対して禁止を与える男性が、神の似姿を思わせるようでありながら、女性が見るものは、その男性の醜悪極まりない側面であるのは、何を意味するのだろうか。ユングによる分析心理学の考えを援用してこの問題を考えてみると、次のように言えるのではなかろうか。善と悪とを明確に区別する、あるいは、神と人とを明確に区別する、このような機能は父性原理に基づくものであり、ユダヤ＝キリスト教の神が男性によって示されるように、そこには父性原理が強く作用している。文化の正統な流れに対して、民衆の無意識の深層から生じてきたとも言える昔話は、それを補償するような傾向をもっている。昔話のなかで、女性に対して強い禁止を与え、彼女を支配しようとする男性が極めて醜悪な面をもつことは――それを知られまいと彼は努力するのだが――父性原理の引き下げを意味しているのではなかろうか。それは敢えて至高の神が悪を含むとまでは言わないにしろ、父性原理の評価を下げることは事実である。もちろん、そこに、女性を救済する素晴らしい男性が出現することによって、父性原理は再評価されるわけであるが、他ならぬその女性――父性原理の相対性を明らかに知った女性――と彼が結婚することによって話が完結するのは、女性原理の評価および、父性と母性の結びつきによってこそ完全なものが生じることを意味するのではなかろうか。

ここに極めて簡単に示したが、ユング派の考えでは、西洋の昔話に、キリスト教の正統的な考えを補償する機能が認められるとするのである。その主たるモチーフとして、母性原理あるいは女性の重要視が認められ、これは、イヴが禁断の木の実を食べたという話によって、女性の価値がおとしめられていたことを補償するものと考えられる。これに対して、わが国においては、女性の醜悪さが既に神話において語られるが、禁止を与えるのが女性である点を考えると、西洋とは同様に語れぬことは明白である。わが国においては、むしろ、母性が優位であり、従って、女性が禁止する側になると思われるが、母性の優位は、父性の場合ほど、正統と異端の関係が明白にいかないのである。つまり、母性は何もかも入れこむところがあり、区別もあいまいになるので、正統というものを明確に示すことが難しいのである。

日本神話において、禁止を与える女性の醜悪さが既に男性の目にさらされるということは、神話のレベルにおいて、既に補償作用が生じている。つまり、西洋の父なる神のように、至高至善の存在としてではなく、母なる神は完成された姿をもって存在しているのではないのである。それは自らのなかに影の部分をもつものとして示されている。

五　伝説と昔話

東洋と西洋の比較を行ったが、話をもう一度「見るなの座敷」に関する昔話にかえしてみると、わが国の「うぐいすの里」では、禁止を犯して見た座敷内の光景は、ほとんどの場合、美しいものであったのに対して、西洋における、たとえば「青ひげ」などでは、死体という陰惨なものである。昔話に関する限り、このような対比は相当明白に認められるようだが、対象を伝説にとってくると、話が変ってくる。

能にもなっている有名なわが国の「安達が原」の伝説を見てみよう。安達が原に着いた一人の旅の僧が一夜の宿を女主人の住む家に求める。女は旅僧を一人残して山に焚木を取りにゆくが、自分が帰ってくるまでは、閨《ねや》を見ないようにと言う。ここに「見るなの座敷」の主題が生じてくる。そして、おきまりのように僧は禁を破り、閨をのぞき見する。閨のなかは、人の死骸が数知れず、陰惨極まりない状態である。僧は恐怖のあまり逃走するが、女は鬼の姿となって追いかけてくる。結局は僧の唱えるお経の力によって、女は消え去ってゆく。

この伝説においては、禁を課すものが女で、それを破るものが男という点では、「うぐいすの里」と同じであるが、「見るなの座敷」に見られるものが「死体」である点では、「青ひげ」などの西洋の昔話と同様なのである。これは「うぐいすの里」の場合、自然の美が見られる事実と著しい対比を示している。

このような点を考慮して、西洋の伝説の方を見てみよう。

西洋の伝説をみると、昔話と違って相当に日本の話と似通ってくるのである。なかには悲劇的結末を迎えるのも多く、西洋のことだけを考えている学者のなかには、昔話はハッピー・エンドに終るが、伝説は不幸な結末になるなどと主張した人も居たくらいである。これは、日本の昔話などを考えると、まったく当てはまらないことである。ドイツの伝説では、水の妖精が人間に変身して、人間と結婚するのがある。この際も女性が何らかの禁を男性に課して、自分の素姓がばれないようにする。なかには、自分がどこから来たかを絶対に尋ねてはならない、という禁を課する者もいる。そして、禁を破って男が質問したとき、あるいは自分の素姓が明らかになったとき、女性は夫も子どもたちも棄てて、たちまちに消え去ってしまう。このところは、日本の話とそっくりである。つまり、伝説においては、日本と西洋と非常に似通ったものが存在するのだ。

伝説ではよく似ているのに、昔話になるとなぜこれほども異なるのか、そもそも、伝説と昔話との差は何か、ということが問題になってくるであろう。これにはいろいろの考えがあろうが、筆者は次のように考えている。伝説は特定の人物や場所、物などに結びついて、人間の無意識の動きがひとつの断片的な「お話」として結晶する。これに対して、昔話は伝説との結びつきも強いが、より一般的に多くの人に時代や場所を超えて話しつがれてゆくが、その間にその話を伝承する文化による影響を受け、意識的彫琢をほどこされる。従って、日本の昔話も、西洋の昔話も共通のモチーフをもちつつも、その「お話」としてのつくりが異なってくるのである。

そこで、筆者の立てた仮説は、キリスト教国においては、伝説が昔話となるときに、より倫理的な洗練を受けてきたのに対して、日本のそれは美的な洗練を増してきたのではないか、というのである。「見るなの座敷」という同じテーマを扱っても、西洋では、そこに生じる罪、罰、贖《あがな》い、ゆるし、などが大切となるのに対して、わが国では、そこに「美」をどの程度に見出すことができるか、に心を使う。

キリスト教国においては、罪を犯したものは罰せられる。しかし、贖罪の行為によって許されるし、勇気ある者には賞が与えられ、悪は亡びる。これらの集大成として、最後に結婚がハッピー・エンドのための重要な要件として生じてくることは、これまで繰り返し述べてきたとおりである。

これに対して、わが国の昔話では、結婚がそれほど重要とは限らず、たとえば「うぐいすの里」のように、男女が出会っても最後は別れてゆくし、たとえば、「鶴女房」などのように、先に結婚が行われても、むしろ、話の結末においては、女性が立ち去ってゆく。これは、筆者の考えによると、「美」ということが演出されるためだということになるが、このような「美」は、いかなることなのか、という点について、次に述べる。

六　花女房

日本の昔話における「美」の問題を特徴的に示す話として、「花女房」[5]がある。ただ、これは『日本昔話大成』において、「本格新話型八　花女房」として分類されているものだが、現在のところ新潟県長岡市で一例が採集されたのみなので、これについて詳細に論じるためには、今後の研究を待たねばならないと思う。これは「月見草の嫁」と題されていて、要旨は次のとおりである。

ある村に独身の若い馬子が居た。毎朝、馬に食わせる草を山に刈りにゆき、いい声で馬子唄を歌った。ある晩「いとしげなあねさ」が来て、一晩泊めてくれと言う。独身でろくな料理もできぬと断るが、女は自分がつくると料理をつくってくれる。二人で夕食をした後に、女がお嫁にしてくれと言い、男は承諾する。二人は夫婦として暮らしてきたが、ある日、馬子が刈ってきた草のなかに、月見草のきれいな花が一本あったのを見つけ、きれいな花があったよ、と妻に呼びかける。返事がないので家にはいってゆくと、妻は倒れていて、か細い声で、自分は馬子の歌の声にほれこんで嫁にして貰おうと来て、思いがかなって嬉しかった。自分は馬子の刈ってきた月見草の花の精で、「刈られてしまいば、おらの命もこれまで、今までありがたかった」と言って、死んでしまう。

これは日本の昔話の「美」の在り方をよく示している。馬子もその妻もどちらにも悪意はない。月見草の花も美しい。しかし、結末は極めて悲劇的である。この悲劇的な死が、月見草の花の美しさを一層際立たせているように感じられる。女は月見草の花の精である。早晩命は絶えるに違いない。「美しい花があるから、お前も見ないか」といってくれる優しい夫に「命を奪われる」ことこそ、本望ではなかったろうか。

最後の点については簡単に断定はできないにしろ、ともかく、突然にもたらされる「死」が、月見草の花の美をいっそうかけがえのないものとして際立たせることは事実である。月見草の花を見るとき、その背後にある「滅《ほろ》び」ということを心に入れこむことによって美が、より完全なものになると考えるのである。

日本の「花女房」の特徴を明らかにするためにグリムの昔話と対比を行ってみよう。

グリムの昔話のなかで、花が女性に変身する場面があるのは、筆者の知る限りでは、「恋人ローランド」「なでしこ」「なぞなぞばなし」の三つである。[6] ここで、花が少女に変身すると述べたが、どの話においても、もともと女性だったのが魔法の力によって、花に変身していて、それがもとの女性の姿にかえるのである。これは日本の昔話で、もともとは花の精だったのが女性になること、および、その変身に関して「魔法」その他の説明がまったくないのと、著しい対比を示している。日本では、人間と他の動物、植物との間の区別が西洋ほど明確ではなく、変身は容易に生じるのである。そして、もともと植物や動物だったのが人間に変身してくるが、西洋では、もともと人間だったのが「魔法」によって変身させられており、それがもとの人間の姿にもどるのである。

なお、「なぞなぞばなし」では、男性が女性の願いによって、その花を折りとるときに、花が人間にかえることになっている。ここでも、花を折りとるという「死」のテーマが認められるのだが、それはすぐに人間としての再生へとつながってゆくためのものである。従って、ここでは「死」そのものの重みを感じさせられることはない。この点、日本の昔話では、死そのもの、それに伴う悲しみが大きい要素となるのとは、大いに異なっている。同じ、女性と花の関係を取り扱っても、重点をおくところが違ってくるのである。

日本の昔話においては、話の完結に際して聴き手の心に生じてくる「悲しみ」の感情が大切なのである。このような悲しみを知りつつ、月見草を見るとき、その美しさがはじめて完全なものとなる、と考えるのである。

また、グリムの三つの物語については省略するが、いずれも男性と女性が結ばれる話で終っているのである。このことも既に述べたような東西の相違を明瞭に示しているものである。「月見草の嫁」においては、むしろ結婚が先行するのに、その関係は切断される。ここでは、男性が禁を犯すなどの罪をまったく犯していないのに、このようなことが生じるので、男女が別れるという主題が日本の昔話でいかによく生じるかを例証している。なお、このような異類女房の昔話で、女性の方からプロポーズするのが非常に多いことも、つけ加えておく。

七　完成美と完全美

日本の昔話の特徴としての「美」という点について論じてきたが、ここに示された「美」の性質について、少し論じてみたい。死や滅びをそのイメージに組むことによってこそ、美が完全なものになるという点について、ユングによる完成(Vollkommenheit)と完全(Vollständigkeit)という考えを基にして論じてみよう。

ユングはこの考えを、倫理的な意味において用いている。「完成」と「完全」とは、異なる言葉にも訳し得るだろうが、一応このように訳しておいた。英語では、完成(perfection)と完全(completeness)という語が用いられている。ユングは幼少の頃から「悪」の問題に悩み、それをどのように解決するかを考え続けているうちに、前記の「完成」と「完全」という考えをもつに至ったのである。前者はひたすら欠点を排除することによって、何らの欠点をも見出し得ない状態であり、後者はすべてを含むことによって(敢えて言えば、欠点をも含むことによって)、完全性を獲得するのである。

「完成」は男性的原理による傾向の強いもので、その最高の在り方が、ユダヤ＝キリスト教の正統的な考え方による唯一の神、父なる神と考えられる。「完全」は女性原理によるもので、すべてを包みこむグレート・マザーのイメージなどがそれを体現していると考えられる。完成を願うものは、常に不完全さに悩まねばならぬし、完全を願うものは常に欠点の存在に悩まねばならない。完成のみを目指してつき進んでゆくときは、袋小路に行きつくことになろうし、完全のみを追求するときは、価値的な無選択の状況に悩まねばならない。ユングはこのような考えを、むしろ、倫理的な面において用い、キリスト者として現代に生きることの苦悩を以上のような観点から論じていったのである。

ところで、ユングが用いた考えを、われわれは倫理的にではなく、美の世界にいれこんで、彼の考えを援用して、完成美と完全美というものを考えてみてはどうであろう。

つまり、完成美というものは、あらゆる点で醜悪さを含まない美なのである、あるいは、欠点というものを持たない美である。それに反して、完全美とは、敢えて醜いものや欠陥を含み、それを含むことによって美はより完全となるとするものである。

美を、完成―未完成の次元でとらえ、未完成の方にこそ美があるという考えがある。たとえば、ガントナーのノン・フィニート(未完成)の美学などを踏まえ、西洋が完成の美を求めるのに対して、東洋は未完成の美を求めると考える向きもあるが、この点については、今道友信が論じている点に、筆者も賛成であり[7]、簡単にはそのように言い難いと思っている。たとえば、絵画に空白部を残す故に未完などと考えるのは、単純すぎる発想である。今道は東洋のものも完成されたものであることを論じているが、筆者は西洋との違いを際立たせるために、一応、完成美と完全美とを対立させてみた。禅僧が庭を掃き清めた後に、敢えて少しの枯葉をおとしてみてよしとしたのなどは完全美の一例であろう。落葉ひとつない庭が完成美で、落葉が適切に存在している庭が完全美なのである。

ところで、われわれの昔話に話をもどすことにしよう。西洋の物語は男女の結合が最後に行われ、正統的な完成された倫理を補償する完全性の倫理が示された。日本においては倫理観が背後に退き、美が問題となるが、せっかくの「梅にうぐいす」という光景を示されつつ、そこに女性が消え去ってゆくことによる悲しみの感情を加えることによって完全美を提示しようとした、と考えられないだろうか。完成を敢えて避けることによって完全であろうとする美意識を、われわれは「あはれ」と呼んでいるのではなかろうか。

ところで、ここに大きい問題として、わが国における正統と異端ということがある。西洋の神話による正統と、昔話による補償(敢えて異端と言わないとしても)という図式は、そのままわが国にあてはまるだろうか。既に述べたように、母性原理が強く正統が定かでないわが国において、このような図式は簡単にあてはまらないと思うが、イザナキ・イザナミの神話を敢えて正統と考えてみるとどうなるであろうか。すぐに想起されることは、黄泉の国より帰ったイザナキが、みそぎを行ったという事実である。多くの先賢が指摘しているとおり、わが国においては、善悪の判断よりも、清らかであるか穢《けが》れているかの判断が優先する。言ってみれば、清らかなものはすなわち善であると言える。従って、みそぎということが極めて大切となってくる。このような考えに基づいて、美的判断が倫理的な次元と混合してくるとき、日本人はまったく穢れのないという完成美を、至高のものとして求めるのではないだろうか。そして、それこそ日本における正統と言えそうに思われるのである。

このように考えると、昔話の方がむしろ完全美を提示していることは、完成美の補償として、西洋の図式とも重なってくるように思われる。しかしながら、わが国の美術などを実際に考えてみると、このような単純な割切りはあまり通用しないようにも思われる。

以上述べてきたことは、結論の部分を見ても解るように、筆者の心のなかでうまくおさまっているものではない。しかし、日本人の美意識ということのみならず、日本人の在り方を考える上において、今後大いに追究してゆくべき課題であると考え、試論ではあるがここに敢えて述べさせて頂いた。

注

（1）拙著『中空構造日本の深層』中公叢書、一九八二年。

（2）拙著『昔話と日本人の心』岩波書店、一九八二年（岩波現代文庫）。本章はこれらの二著に論じたことを踏まえて書いているので、初めて読まれる方は、舌足らずの感を抱かれるところがあると思われる。寛恕願いたい。

（3）マックス・リューティ「日本の昔話にはさまざまの特徴がある」小澤俊夫編『日本人と民話』ぎょうせい、一九七六年。

（4）キリル・ヴェ・チストフ「日本の民話をロシヤの読者が理解できるのはなぜだろうか」小澤俊夫編『日本人と民話』。

（5）関敬吾他編『日本昔話大成』第七巻、角川書店、一九七九年。

（6）グリム昔話、ＫＨＭ56、76、160であるが、邦訳、岩波文庫版ではそれぞれ、62、84、180となっている。

(7) 今道友信『美について』講談社現代新書、一九七三年。

4　日本昔話の中の他界

一　他界の現前

　昔話は他界を語るのにふさわしい形をもっている。「むかしむかし」という冒頭の一語によって、それは時空を超えた世界へと、人を連れ去る構造をもっている。このため、昔話に語られることは、すべて何らかの意味で他界性を帯びていると言ってもいいぐらいである。

　まったく日常的な生活のなかに、あるとき一人の乞食がやってきて物乞いをする。ちょうど機織りをしていた主婦はうるさがって追いかえしてしまう。気の毒に思った女中が、握り飯を一つやると、乞食はありがたがって、お礼に手拭を一筋くれた。ところが、その手拭で顔をふくと、美しい顔になるので、女中は大変に喜んだ。これは「宝手拭」(『日本昔話大成』[1]一九八A)の話だが、このように、日常的な空間のなかに、まったくさりげなく非日常的な存在が立ち顕われる話は、昔話の得意中の得意と言っていいだろう。

話のなかにはそれと直接には語られないが、宝手拭をくれた乞食が、なんらかの意味で「他界」と考えられる世界からやってきたことは明らかである。それは、「この世」の常識を超えた属性をそなえている。それが「どこから来て、どこへ行くのか」は定かではない。しかし、それが所属する何らかの「他界」の存在を承認することは、つまるところ、自分という存在が「どこから来て、どこへ行くのか」という根元的な問に対する、ひとつの答えにもかかわってくることであり、人間存在に確固とした基盤を与えてくれる。この世は他界によって、その存在を基礎づけられる。

日常生活でふと出会う人が、ひょっとして他界から訪れた「まれ人」であるかも知れない。そんなことを昔話はわれわれに生き生きと伝えてくれる。この世のなかに、他界がふと現前してくるのである。

飯を食わずに働いてくれる嫁があったらな、とある若者は空想する。すると、この若者の空想に乗って、「食わず女房」(『大成』二四四)が立ち現われるのである。結局は、五升炊きの握り飯を、頭髪に隠された大口によって食べてしまうこの女も、「他界」との関連をもった存在であろう。他界から来るものは、いつも福をもたらすとは限らない。食わず女房の隠された大口は、この男にとって他界への入口ともなるはずであった。若者はうっかりすると、この女の大口のなかに呑みこまれるところだったのだ。

このような見方をすると、はじめに述べたように、昔話は「他界」が日常の世界のなかに現前してくることを、いろいろと物語っていると言うことができる。しかし、昔話のなかには、はっきりと「他界」を訪問する話も存在し、そのなかには、他界の有り様が語られている。それでは、わが国の昔話のなかでは、それがどのように把握されているのか、海底の国、地下の国、として述べられているものについて考察してみよう。日本の昔話については、既に包括的な論を他に述べているので、それとやや重複する点もあるが、寛容願いたい。

二　海底の国

わが国の昔話において、他界のことを考えるなら、誰しも浦島太郎のことを想起するであろう。助けた亀に連れられて、海底の竜宮城に行き、そこに三年間滞在する。その海底の世界こそ、ひとつの他界であると考えられる。浦島太郎の話は日本全国に分布し、大体において似たような筋をもっているが、もともと、『風土記』や『万葉集』にも浦島の伝説が述べられており、その古来の形態とは相当に変ったものとなっている。まず、現代に昔話として伝わっているものについて考えてみることにしよう。

昔話に語られている竜宮城においては、それが極めて美しい場所として語られていることが特徴的である。「他界」の記述は文化差に従っていろいろなものがあり得るが、

「美」という点にまず重点がおかれているところは、わが国における特徴のひとつと言っていいであろう。そこに語られる美は、乙姫たち女性の美と、そこにおける景観の美とである。特に後者については、「他界」にふさわしく、この世とは異なる記述がなされている。その点について、浦島の昔話の類話について調べてみよう。

関敬吾他編『日本昔話大成』には、日本中に分布する、「浦島太郎」(『大成』二二四)の昔話の類話が数多く収められている。そのなかで福島県南会津郡において採集された話では、主人公は「四季の庭を見せてもらう」とされている。ここで、四季の庭が明確に何を意味するか不明だが、これは「御伽草子」のなかの竜宮城の描写につながるものであろう。「御伽草子」による描写は、四季おりおりの景色を一度に楽しむことができるのだから、非現実的な設定である。

日本人にとって、自然の美というものが、どれほど重要であるかを、この「他界」の描写は如実に示している。これと同工異曲の類話としては、鳥取県日野郡で採集されたものに、「浦島太郎は花の咲いた間、牡丹の咲く間、田植えの間、盆踊りの間、祭りの間、正月の間を見て回る」というのがある。つまり、これは、いろいろな座敷が四季の美しさをあらわしているのであろう。これは、「牡丹の咲く間」とか「田植えの間」というのが、単なる名前であったり、あるいは、そのような景色を描いた絵でもあるのか、それと違って、実際に、四季おりおりの姿が各部屋のなかに見られる超現実的な設定なのか、これだけではわからないが、ともかく、四季の美しさが強調されているということは、誰しも認めるであろう。

次に、浦島の物語における「他界」の特徴として、時間の相対性ということがある。浦島が竜宮で過ごした時間は、この世における時間とは、まったく異なっているのである。ある類話によると、浦島が竜宮で過ごした三日間は、こちらでは三〇〇年間に相当することになっている。あるいは、三年間が三〇〇年間に相当するとか、類話によってその期間には差があるが、浦島の竜宮での時間体験が、この世の尺度と一致していないことを告げる点では共通している。

ひとつ極めて興味深い類話が、新潟県見附市で採集されている。それによると、ある人が村人に屋根替えを頼み、その間に釣にゆく。そこに現われた美女に「水底のさかべっとうの浄土」に連れられてゆき、美女の聟となって、子供、孫、ひこ、やさごまでできる。そこで家のことが心配になり帰宅すると、まだ屋根葺きの最中であった。この物語では、一般の浦島の時間体験と逆になっており、「他界」での長い時間体験が、こちらの世界では僅かの時間内であったことが述べられている。これは邯鄲《かんたん》の夢の話を思わせるものがあるが、浦島の類話としては珍しいものである。

この世においては、われわれ人間は時間・空間の一定した尺度によって定位されている。われわれは誰か他人に会おうとするとき、会うべき時間と場所を指定することによって、それを確定できる。従って、われわれの日常生活において、時間・空間というものは極めて重要なものになる。しかしながら、人間はその時間・空間の尺度を相対化してしまう「他界」の存在ということによって、自分の存在を根づかせようとしているのは、なかなか意味の深いことである。時間体験はこの世とまったく異なり、そこにおいては、四季の美が共時的に併存する。そのような「他界」をイメージすることによって、古来、日本人は己の存在をこの世に根づかせてきたのである。

三　他界の女性

浦島が竜宮城で会った乙姫は美しい女性であった。わが国の他界に関する昔話で、よく登場する女性は、若い美しい女性であることが多い。西洋の物語によく出てくる、魔女、あるいは、グレート・マザー的要素の強い老婆は、あまり登場しない。山に住んでいる山姥なんかも、一種の他界的存在とも考えられようが、それはもう少し日常世界に近いところに存在しているようである。海底や地底の国として、はっきりと他界性が打ち出されるとき、わが国の昔話では、あまり魔女のような存在が出てこないのは注目すべきことであろう。

浦島と共に、海底の国のことを語るわが国の昔話としては、「竜宮童子」(『大成』二二三)として分類されている一群の昔話がある。この話にも美女が登場する。これにも多くの類話があるが、ある男が竜宮にゆき、乙姫さまからトホウという鼻たれ小僧を貰う。このトホウは男の願いを何でもかなえてくれる。男は金持になったがトホウの姿があまりにみすぼらしいので気になり出し、トホウをお払い箱にする。すると、すべてが前のままの貧しい状態になり、男は「途方にくれてしまった」という話である。

この話には、トホウという鼻たれ小僧がでてくるところが、極めて特徴的である。この点については後で触れるとして、浦島と竜宮童子の二つの話に共通して考えられることは、どちらも若い男性が乙姫という美女に会いながら、結婚せずにこの世に帰ってくるのは、不思議と言えば不思議ということである。この点は、西洋の昔話研究者から見ると、一層不可解なことに思えるらしく、その点は日本の昔話の特徴として、よく指摘されている。(2) もっとも、浦島の類話のなかには、ごく稀に「結婚」のことが語られているのもある。たとえば、佐賀県東松浦郡で採集された類話では、「乙姫の主人になって欲しいといわれるが、国に帰るという」とある。つまり、乙姫が一応プロポーズしているのだが、浦島がそれを断るのである。これにしても、プロポーズということはあっても、結婚は成立していない。

多くの類話がありながら、すべて結婚のことが語られていないのは注目すべきことであるが、唯一の例外として、沖縄県具志川市採集の類話には、「竜宮の妻から二つの箱をもらって帰る」とあって、浦島は明らかに結婚しているのである。

この類話が沖縄県からのみ採集されたという事実は、次に示す「玉取姫」(『大成』二二七)という話が、沖永良部島の採集であり、その類話が鹿児島、長崎、徳島などの南方の諸県のみに存在していることと関連していると思われる。「玉取姫」のなかでは、海底の国の女性との結婚が語られているのである。この話は浦島の物語とは大分展開が異なっているが、興味深いものなので、次にその要約を示す。これはわが国の昔話としては、やや特異な話の筋をもっている。

唐のクワンシンの王様が恩を受けた大和のオーシンの坊主加那志に、シジゴバンの玉を贈ることになる。マンクショーベーという正直で腕のたつ男が、その玉を持ち船に乗りこんで大和に行くことになる。ところが、ニラの大王(海底の浄土の王)がそれを欲しく思い、自分の娘に取りにやらす。娘はマンクショーベーに向かって「自分を妻にしてくれ」と言い、断られても強引に言い続けて一緒になってしまう。そして、妻になったのだからと、大切な玉を見せてくれという。マンクショーベーははじめは渋るが、とうとう玉の片方だけを見せる。(玉の片方というのは意味が不明だが。)女はその玉の片方を飲みこんで竜宮の王のところへ逃げ帰る。仕方がないので、マンクショーベーは坊主加那志に会って、玉の片方を贈り事情を説明する。玉を取りもどす方法として、加那志に教えられ、彼はカナイ女子という優れた女性と結婚し、彼女に玉のことを話す。カナイ女子はニラの大王のところに忍びこみ、玉を取りかえすが、途中で鱶に片足を食い切られ、そのために死んでしまう。マンクショーベーは、その玉の片方を坊主加那志にあげ、唐へ帰って王様に報告する。

この話自体は、興味深い話であり、これだけについてもいつかじっくりと考えてみたいと思っているが、ここでは竜宮の女性との結婚ということだけに焦点を絞って言えば、マンクショーベーとニラの国の王女との結婚がこの物語のなかで成立しているのである。しかし、これは「浦島」や「竜宮童子」の場合と、相当に状況を異にしていることが解る。つまり、「玉取姫」の場合は、男性が海底の国を訪れたのではなく、王女の方がこちらの世界へとやってきたのである。それともうひとつ特徴的なことは、女性がプロポーズをしたのであり、男性の方はむしろ積極的に結婚する気持はなかったことである。これらの様相は、西洋の昔話において、結婚がゴールとして考えられ、男性が苦労の後に女性を獲得して、ハッピー・エンドとなるパターンとまったく異なるものである。つまり、結婚が語られるにしろ、西洋の昔話とは、その意味合いを異にしているものと言わねばならない。

「玉取姫」にでてくる王女は、強引なプロポーズによって結婚を成就するが、実のところ、このようなパターンは「浦島」の古型において認められることは周知のとおりである。浦島は現在一般に知られているような昔話の形で伝えられているが、文献的にたどってゆくと、『丹後風土記』『万葉集』などに述べられている形態がもっとも古いものと考えられる。『丹後風土記』においては、浦島が亀を助けた話は全然語られず、浦島が釣をしていたときに五色の亀が現われ、それが女性に変身するや否や、プロポーズをすることが語られている。この際も、浦島が「他界」へと行く以前に、女性がこちらの世界に現われ、結婚の意志を表明しているところに注目したい。

わが国の昔話に語られる他界に住む女性は、グレート・マザー的ではない、と先に述べたが、『風土記』に登場する亀姫は、むしろ多分にグレート・マザー的であると思われる。つまり、浦島という男性をひきこみ、呑みこんでしまうようなところが感じられるのである。「玉取姫」の王女は、その点がもっと明白で、玉を呑みこんでしまう行為に、それが象徴的に示されている。ここに語られる結婚は、男性と女性の結合とか、相反するものの統合とかいう意味ではなく、グレート・マザー的な世界に男性が呑みこまれる意味の方が強いと感じられる。

このように考えると、浦島の類話で沖縄にのみ、結婚のことを語るのが残されており、「玉取姫」の話が南方にのみ存在することをみると、日本の他界に住む女性像として、古型に属するものが、このあたりに残されているのではないかと推測されるのである。ただ、日本の他の地方では、グレート・マザー的な要素が弱められ、乙姫像ができあがってくるのだが、それはあくまで結婚の対象とは考えられない存在となっていったのではなかろうか。このあたりのことは、まだ推測の域を出ないので、今後も、もう少し検討を加えてゆきたいと思っている。

「竜宮童子」の物語に登場するトホウについて、柳田國男や石田英一郎がつとに注目し、名論文を書いていることは周知のことである。柳田は「日本の竜宮は又何れの国とも別なものであつた。ひとり神秘なる蒼海の消息を伝へた者が、殆ど常に若い女性であつたといふに止らず、更に又不思議の少童を手に抱いて、来つて人の世に縁を結ばうとしたのも彼等であつた。海はこの国民の為には永遠に妣《はゝ》の邦であつたといふことが言へるのである」(3)と述べている。石田英一郎も、これらの物語中の「小サ子」と母親らしき人との関係に注目している。両者とも「母なる人」の存在する他界の特性を強調しているのである。

ここで、母と子という点に注目するにしても、竜宮童子の物語に語られるような、若い女性の背後に存在している翁の存在、あるいは、「玉取姫」の娘とその父親の存在、などを考慮するならば、祖父―母―息子、というトライアッドについて考える方が、他界の構造を考える上においてふさわしいと思われるが、この点については、既に他に論じたので(4)、ここでは省略することにする。ただ、注目すべき点のみを繰り返すと、キリスト教の天上(これも他界と言っていいだろう)に存在する、父―子―聖霊という三位一体に比して、日本のトライアッドは、「血」によってつながっていること、母が重視されていることという特徴が認められることである。このことは日本文化を考える上で重要なことと考えられる。

四　地蔵浄土

わが国の昔話に示される他界のひとつとして、地底の世界がある。それについて語られるのが、「地蔵浄土」(『大成』一八四)や「鼠浄土」(同一八五)である。どちらも日本全国に分布し、極めて類話の多い、わが国の昔話のなかの代表格のものと言える話である。「おむすびころりん」などとも呼ばれていて、地蔵浄土の話は現在も一般によく知られているものである。

地蔵浄土の話においては、おむすびを穴にころがしたり、団子とか豆など地方によって、異なるが、ともかく、偶然に生じたことがきっかけとなって他界に到ることと、登場人物が老人であることが特徴であろう。この話では女性が登場しないこともあってか、主人公が老人になるが、わが国の昔話に老人の登場することが多いのも一般によく指摘されることである。偶然に導かれて他界に到った老人は、まず地蔵さんに会うが、そこへ鬼が登場する。

わが国の昔話に語られる鬼という存在を、どのように考えるかは一朝一夕に答えられぬ問題である。超自然的で恐ろしい存在と考えられるが、博打を打ったりするところは、どこか人間臭いところがある。「浄土」とか、地蔵さまのイメージとの関連から考えると、やはり、鬼は「死者の国」の住人という感じがする。あるいは、死者そのものの姿とも考えられる。やはり、他界は死者の国として考えられるのは、当然のことであろう。海底の国においては「美」が強調されたが、地底の国の方は恐ろしさが強調されると言っても、鬼が爺さんにだまされて逃げてゆくところなどは、なかなかユーモラスではあるが、ここで鶏の鳴声によって鬼が逃げ出すところは、やはり鬼が夜の存在であり、夜明けを嫌うことを示しているのであろう。鶏の声に取り乱して逃げる鬼の姿は滑稽だが、次にそこを訪れた「隣の爺さま」は、鬼に食われてしまうのだから、やはり、鬼は恐ろしい。

鼠浄土の方は、鬼ほどの怖さはないが、「隣の爺さま」は失敗した後に穴から出られなくなって死ぬという類話も多いので、やはり危険性の高い場所として、他界が描かれていると言えそうである。

「他界」がこの世を超えるところである点において、それは何らかの意味で超現実的であるはずである。昔話のなかに語られるわが国の他界は、海底の国、地底の国にわけられ、前者においては超現実的な「美」、後者においては「恐れ」が語られている。そして、そこを訪れた主人公が前者においては、あまり幸福をつかむことはないのに、後者においても幸福をつかむのも、他界の逆説性を語っているものとして、興味深いことである。

注

（1）関敬吾他編『日本昔話大成』全一二巻、角川書店、一九七八―八〇年。以後『大成』と略記する。番号は同書の分類番号を示す。
（2）小澤俊夫編『日本人と民話』ぎょうせい、一九七六年、参照。
（3）柳田國男「海神少童」、『定本柳田國男集』第八巻、筑摩書房、一九六二年。
（4）拙著『昔話と日本人の心』岩波書店、一九八二年、第8章参照。

5　『風土記』と昔話

一　はじめに

日本は昔話の豊富な国である。特に、先進国と呼ばれる国のなかで現在においても、実際に語りつがれてきた話を昔話の研究者が採集することによって、多くの資料を得られるのは、おそらく日本だけと言っていいだろう。昔話研究は最近になって急激に発展したので、実に多くの昔話の記録が整理されて出版されるようになった。われわれ深層心理学を学ぶ者は、その恩恵を受けて、日本人の心の深層構造を究明してゆくための資料として活用させていただいている。

深層心理学のなかでもユング派は特に昔話研究を重視するが、これまでヨーロッパの昔話を主としてなされてきた研究に対して、筆者は日本の昔話を素材として研究を行い、それによって日本人の心性の在り方を明らかにすると同時に、人間の心の多様性を認めようとする考えを示してきた。つまり、ヨーロッパに生じた近代自我の在り方を唯一の正しい、人間の心の在り方と考えるのではなく、人間の心の在り方はもっと多様であり、そのなかのひとつとしての日本人の自我の特性を明らかにするとともに、それぞれが独自の在り様をもっていることを示そうとしたのである。これらのことは既に『昔話と日本人の心』(1)のなかに論じたところであるので、省略する。

このように、昔話の研究は日本人の心の研究を行う上で重要なことのひとつであるが、そのような昔話として伝承されているものが、古来からの文書に神話や史実や伝説として、極めて類似した形で記録されているのである。たとえば、日本人に昔話として非常によく知られている「浦島太郎」の話と類似の話が、これから取りあげる『風土記』のなかに、丹後の国の話、「浦嶼子《うらしまこ》」として記載されている。実は「浦島太郎」の場合は、『風土記』をはじめとして、時代の変遷とともに、その話が変化してゆく様相が、いろいろな文書によって明らかにされるので、それを比較検討することは、時代精神の変化を究明することにもなって、実に興味深いのである。このことも既に前掲の著書に論じていることであるが、このような点から考えてみると、『風土記』のなかに、どれほど昔話の素材となると思われるものがあるかを調べておくことは、今後の昔話研究の上で、役立つところがあると考えられる。

昔話と類似の話は、中世の説話集のなかにも多く認められる。たとえば、「藁しべ長者」として知られている昔話と、ほとんど変らない話が『宇治拾遺物語』などに記載されている。このようなことを詳細に検討してゆくと、『風土記』にも説話集にもあるもの、あるいはその間に変化の著しいもの、『風土記』にはあるが説話集では消えているもの、などなど、多くのことが明らかになり、これは昔話そのものの研究としても興味深いのみならず、日本人の心の時代的変化を考える上でも示唆を与えてくれるところが大きい。

『風土記』は「和銅六年(七一三)の中央官命に基づいて、地方各国庁で筆録編述した所命事項の報告公文書」(2)である。この和銅六年というのは、「古事記の成った翌年、日本書紀の撰進せられた養老四年の七年前」だから、実に古い時代の文書と言わねばならない。仏教は既に伝来してきているのだが、『風土記』を中世の説話集と読み比べてみると、後者はもともと仏教説話を集めたものだけに、仏教の影響が強く出ているが、『風土記』に語られる話は、仏教の影響が少ないと思われるので、その点で日本人の古来の考えを知る上で貴重であると思われる。

『続日本紀』の和銅六年五月甲子の条に、『風土記』に記載されるべき項目として、次の五項目があげられている。(3)

(1)　郡郷の名(地名)には好字(漢字二字の嘉き字)を著ける
(2)　郡内の産物(農工以外の自然採取物)について色目(物産品目)を録する
(3)　土地(農耕地または農耕可能地)の肥沃状態

(4) 山川原野(自然地)の名称の由来

(5) 古老の相伝する旧聞異事(伝承)

この項目中の(5)がわれわれの研究にかかわるところが大である。それは史実とも伝説ともつかぬ形で記載されているものではあるが、そのような話が特定の土地、人物、事物などを離れ、「昔々」という形で語られると、昔話になるわけである。ユング派の分析家フォン・フランツはスイスの田舎における例として、実際に生じた事象が、伝説、昔話として変容してゆく例をあげているが、(4) このような傾向は世界共通に生じることであろう。このような伝承が「神」のこととして語られると「神話」となるが、『風土記』は、伝説や神話の断片に満ちているとも言うことができる。

神話の断片、特異な事実などとして語られていることでも、それが「昔話」のなかに結実してゆくためには、それなりの条件が整う必要がある、と思われる。『風土記』のなかにも、昔話の主題となりそうではあるが、その後の日本昔話のなかにあまり展開されていないのもある。

逆に、日本昔話のなかの重要なテーマであるが、『風土記』には一切現われてないようなものもある。このことも注目すべきことと思われる。既に述べたように、日本人の心の在り方や思想について、時代による変化の様相がそれによってわかることもある、と思われるからである。もっとも、これには注意が必要である。『風土記』は現在まで残っているものの方が少ないので、そこから一般論を言うのは危険と思われるからである。この点を考慮して、あまり断定的にならぬように注意したいと思う。

『風土記』については既に中西進、山田慶兒とともに全体的な討論を行い、他に発表したことがある。(5) そのとき昔話との関連においても考察したが、今回はもっと詳細に調査した結果を発表したい。このような記述が昔話の今後の研究に役立つと思われる。

二　昔話の主題

昔話の主題として考えられるものが、『風土記』には多く認められる。それらのなかには、日本の昔話として現在採集されたもののなかにあまり展開していかなかったものもあるが、ともかく『風土記』のなかで、昔話の主題となり得るものを次に項目別に列挙して、それについての簡単なコメントを付しておく。この項目の分け方は恣意的であるが、『風土記』に比較的よく認められ、昔話の主題としても重要と思われるものから述べてゆくことにする。

1　変　身

変身の主題は全世界の昔話に認められる、と言っていいだろう。しかし、詳細に見ると文化により時代によって特徴があることが明らかになることもある。『風土記』にも多くの変身が語られる。そのなかで、白鳥が乙女に変身するもの、および蛇については特に重要でもあり、数も多いので、別に項目を立てて論じることにする。

男女が松の木に変身（『常陸国風土記』七三―七五頁）(6) 童子女《うなゐ》の松原という所で、若い男女が嬥歌《うたがき》のとき睦み合っているうちに、朝が来てしまって、二人はこれを愧《は》じて「松の樹《き》と化成《な》れり。郎子《いらつこ》を奈美松《なみまつ》と謂《い》ひ、嬢子《いらつめ》を古津松《こつまつ》と称《い》ふ」。これは人が松になった話で、ギリシャ神話のダプネーが月桂樹になるように、人間が木に変身するのは割にある話である。ただここで若い二人が何を愧じたのか、嬥歌のときは朝まで二人で居るのがよくないのか、そのあたりは不明である。

神が鳥となる（『出雲国風土記』一二九頁） 神魂命《かむむすびのみこと》の御子《みこ》、宇武加比売命《うむかひめのみこと》が法吉鳥《ほほきどり》になって、「静まり坐《ま》しき」場所が法吉の郷と言われるという話。人や人の魂が鳥になる話は全世界に認められると言っていいほどである。ここで変身の経緯が語られぬのが残念だが、法吉鳥は鶯で、昔話の「うぐいすの里」の源流も、こんなところにあるのかも知れない。変身した神は女神であるが、やはり鶯に変身するのは女性なのであろう。

亀が人に変身（『丹後国風土記』逸文四七〇―四七五頁） これは浦島太郎の源泉と考えられる「浦嶼子」の話である。水の江の浦嶼子という男が海で釣をしているうちに「五色《いついろ》の亀」を釣りあげる。亀は美女に変身して嶼子にプロポーズし、二人は蓬莱山《とこよのくに》に行く。

本の豆知識

●函・はこ・箱??●

「はこ」というと，日常的には箱という字がよく使われるが，本を差し込み式で入れる形のものは多く「函」と表記される．函は本を守るためだけではなく，本の存在感や個性の演出にも一役買っている．図は貼《はり》函《ばこ》といい，膠（ゼラチン）を用いて手で貼る伝統的な製法である．他にも，もう少し簡便な機械函（針金止め，天地糊付函，型抜函）がある．背の部分を持って下に向けたとき，中の本がスーッとゆっくり出てくるのが理想的といわれている．

もともとあったこのような変身の主題が時代とともに姿を消してしまい、亀姫の姿は亀と乙姫とに分離してくる。その上に、仏教説話の影響を受けて亀の報恩の主題がつけ加わってくるのである。

広い意味の変身と考えられるが、人の変身ではなく、ものの「変身」とでも言うべき話もある。そのなかには「石化」ということも生じる。それらを次に示す。

琴が樟《くすのき》になる（『肥前国風土記』三九一頁）　琴木《ことき》の岡の由来として語られる話で、景行天皇がもともと平原で岡のなかったところに「此の地《ところ》の形《かたち》は、必《かなら》ず岡《をか》あるべし」と言って岡をつくらせた。その岡で宴会をした後に琴をたてるとそれが樟《くすのき》になった。

人間の頭が島になる（『近江国風土記』逸文四五九頁）　ただしこれは「存疑」とされている。夷服《いぶき》の岳《たけ》（伊吹山）の神と、その姪（妹という説あり）の浅井の岡とが高さを競った。浅井の岡は一夜に高さを増したので、夷服の岳の神が怒って浅井比売《ひめ》を切り、その頭が湖におちて島となり竹生島《ちくぶしま》になったという。

鏡が石になる（『豊前国風土記』逸文五一一頁）　鏡山の由来として語られる。神功皇后が「天神《あまつかみ》も地祇《くにつかみ》も我《あ》が為《ため》に福《さきは》へたまへ」と言って鏡を安置すると、それが石となった。

鰐《わに》と鯨《いさ》が石となる（『壱岐国風土記』逸文五二七頁）　昔に、鰐《わに》が鯨《いさ》を追いかけ、鯨が逃げてきて隠れた。このとき鰐も鯨も石となった。両者一里離れているという。

舟が石となる（『伊予国風土記』逸文四九七頁）　昔、熊野という船をつくり、それが石となった。よってそこを熊野という。

変身というよりは神の化身、または神の名とさえ考えられるような例がある。

神が白鹿となる(『尾張国風土記』逸文四四三頁) 川嶋の社《やしろ》。聖武天皇の世に、凡海部《おほしあまべ》の忍人《おしひと》が、神が白鹿となって時々現われると言ったので、詔《みことのり》があってその社を天社《あまつやしろ》とした。

大神、鷲《わし》となる(『摂津国風土記』逸文、参考四二八頁) 「昔、大神あり、天津鰐《あまつわに》と云《い》ひき。鷲《わし》と化為《な》りて此の山に下《くだ》り止《とどま》りて」とある。これは神の化身としての鷲と考えられるが、この際は神の強さ、威光を表わすイメージとして鷲が選ばれたのであろう。

以上に述べた変身のなかで、「もの」の変身として、琴が樟になるのがあるが、琴も樟も古代にあってはヌミノースを感じさせる「もの」だったのであろう。『伊賀国風土記』逸文(四三一頁)には、神女が常に来て琴を奏していたが、人が見ると神女は琴を棄てて消え去った。その琴を神として祭った、という話がある。「参考」として記載されているものであるが、琴のもつヌミノースな力が示されている。琴はその後の日本の物語のなかでは、重要な役割を果すことがあるが、昔話の方にはあまりないようである。

樟は大木になるので、やはりヌミノースなイメージを提供するものと思われる。上総・下総の『風土記』逸文には「参考」としてながら、次のような話が記載されている(四五一頁)。長さ数百丈に及ぶ楠の大木があり、天皇がこれについて占わすと、「天下の大凶事也」という結果が出て、木を伐り倒した。上の枝を上総、下の枝を下総と言う。総は木の枝のことをいうと述べられている。また『播磨国風土記』逸文(四八三頁)には、一般にもよく知られている「速鳥《はやとり》」の話があるが、これも楠である。楠の大木を伐って「速鳥」という舟をつくった話である。これも楠の威力を示すひとつの話と考えられる。

速鳥との関連で、昔話の話型のひとつ「木魂聟入」(『日本昔話大成』[7]一〇九)に触れておきたい。この昔話でも大木が伐られて舟がつくられる。それがなかなか動かないのをある娘が進水させる話であるが、これなど、「速鳥」のモチーフとの関連を感じさせる。垂直軸に沿って上へ上へと伸びてゆく大木が伐り倒され、水平軸に沿って走る舟になるということは、古代の人にとっては凄い「変身」として受けとめられたのではなかろうか。

次に「もの」の変身として、鏡、鰐、鯨、舟などの石化が語られている。石化は神話・昔話において全世界にわたって生じる主題と言っていいであろう。石化はそのものの永続性のためというポジティブな面と、生気を失う、硬化するなどのネガティブな面とがあるが、これらの『風土記』の例は、むしろ永続性の方を示しているものと理解される。

2　白鳥の変身

白鳥が乙女に変身する話は、有名なロシアの「白鳥の湖」の話のように、全世界に広く分布しているものである。白い色、しなやかな身体、天から現われてくる、などの属性から清らかな乙女のイメージを描くのに適していたからであろう。わが国の昔話「天人女房」(『大成』一一八)も、白鳥の乙女の話型に属するものと考えていいだろう。

『風土記』には相当多くの白鳥についての記載がある。それが乙女になるものだけではなく、その他の話もともに次に列挙する。

『常陸国風土記』(七五—七七頁)　白鳥《しろとり》の里というところがある。白鳥が天より飛んできて乙女になり、「石《いし》を摘《ひろ》ひて池を造《つく》り、其《そ》が堤《つつみ》を築《つ》かむとして、徒《いたづら》に日《ひ》月《つき》を積《つ》みて、築《つ》きては壊《く》えて、え作成《な》さざりき」とある。次に白鳥を歌った歌は難解でいろいろな読みがあるが、ここには触れない。ともかく白鳥は天に昇り、以後は来なくなったと言う。

『豊後国風土記』(三五七頁)　豊後、豊前は昔は合せて豊国と言った。そこを治めていた菟名手《うなで》が中臣《なかとみ》の村に行くと、白鳥が飛んできてそれが餅になった。その餅が里芋になる。菟名手は喜んでそれを天皇(景行天皇)に献上したところ、天皇は「天《あめ》の瑞物《しるしもの》、地《つち》の豊草《とよくさ》なり」というのでその国を豊国と名づけた。

『豊後国風土記』(三七三頁)　ある百姓が水田を開くと大いに収穫を得た。奢って餅を弓の的にしたところ、餅が白鳥となって南の方に飛び去ってしまった。その年の間に百姓は死に絶え、その地は荒れはててしまう。

『山城国風土記』逸文(四一九頁、「存疑」として記載)これは京都の伏見の稲荷神社の由来として語られている。餅を用いて的にしたところ、それが白鳥となり山の峯まで飛んで行き、そこに稲が生えた(伊禰奈利生《いねなりお》ひき)ので、社《やしろ》の名も「いなり」とした、という話である。

『近江国風土記』逸文(四五七—四五八頁、「存疑」として記載)近江国の伊香《いかご》の小江《をうみ》に「天《あめ》の八女《やをとめ》、倶《とも》に白鳥《しらとり》と為《な》りて」天より降りてきて水浴をする。伊香刀美《いかとみ》という男がひそかに白犬を使って天羽衣を盗ませる。一番下の乙女のを盗んだので、七人の姉は飛び去るが末娘だけは残される。伊香刀美と白鳥の乙女は結婚して男二人、女二人の子を得る。その後、母親は天羽衣を捜し取って天に昇り、伊香刀美は、「独り空しき床を守りて、唫詠《ながめ》すること断《や》まざりき」という話である。

『豊後国風土記』逸文(五一四頁、「存疑」として記載)球珠《くず》の郡《こほり》に広野があり、そこに田を作って住んだ人が、弓の的として餅を作ったところ、その餅が白鳥となって飛び去った。その後、そこは次第に衰えて荒野となってしまった。

以上が白鳥の変身にかかわる話である。まず白鳥が乙女となる話であるが、常陸国の話では白鳥が乙女となるだけの話であるのに対して近江国の話では、その乙女と男性の結婚、それに羽衣を盗む話まであって、昔話の「天人女房」と極めて類似した話となっている。もっとも昔話では、はじめから天女として語られ、白鳥が変身したのではない。むしろ鳥が女性に変身する昔話としては「鶴女房」(『大成』一一五)をあげねばならないであろう。

『近江国風土記』では、一度結婚して子どももつくるのだが、結局は女は羽衣を捜し出して消え去ってしまう。昔話の「天人女房」では消えた女性を男性が追い求めてゆき、再び結婚するのもあるが、日本の昔話においては、一度結婚しても「鶴女房」のように、女性が消え去るのが多い。西洋の昔話では結婚の成就をもってハッピー・エンドになるのに対して、日本の昔話は悲劇的結末になるのが多いことは内外の多くの学者の指摘しているところである。その点で、『丹後国風土記』逸文(四六六―四六八頁)の「奈具社」は白鳥は出て来ないが、天女の話で悲劇に終るものとして注目に値すると思われる。

丹後の国の比治《ひぢ》の里の真奈井《まなゐ》という井に天女が八人降りてきて水浴みをしていた。老夫婦がそれを見てひそかに一人の娘の衣裳を隠しておく。他の天女は天に舞いあがってゆくが、衣裳のない娘は残り老夫婦のたっての願いをいれて養女となる。十余歳になって、天女は酒をつくり、それが病を癒す力をもっているために高価に売れて、老夫婦はたちまち金持になる。金持になってしまうと夫婦は天女に対して、お前は自分たちの子ではないが、暫く仮に住まわせてやったのだから出て行けという。娘は天を仰いで哭《なげ》くが致し方なく家を出る。あちこち泣き泣き旅をして、「竹野《たかの》の郡《こほり》船木《ふなき》の里《さと》の奈具《なぐ》の村《むら》」まで来て、「我《わ》が心《こころ》なぐしく成《な》りぬ」と言う。なぐしとは心平静という意味の古語である。天女はその村に留まることになり、奈具《なぐ》の社におさまり、豊宇賀能売命《とようかのめのみこと》になった。

これは天女の恩を仇で返す人間のさもしさが語られている。昔話の「鶴女房」を木下順二が「夕鶴」として劇化するとき、男性の欲の深さが語られるが、そのような流れのもとは、この「奈具社」に認められるかも知れない。「夕鶴」が現代人に強くアピールするように、白鳥の乙女の物語は時代を超えた魅力をそなえている、と思われる。それが、『風土記』にはこのような形で姿をとどめているのは非常に興味深い。

次に白鳥が餅になったり、餅が白鳥になったりする話がある。これは餅も白鳥もどちらも白いところから連想されたのだろう。餅を的にすると白鳥になって飛んで行った話は、『日本昔話大成』補遺三二「餅の的」(沖縄県宮古郡採集)として記載されている。他に類話がないし、『風土記』との関連をとやかくは論じ難い。ともかく、宮古郡で昔話として語られていた事実は注目すべきである。

豊国の名の由来になった話では、白鳥が餅になりそれが里芋となる、という不思議な変化が示されている。里芋は土の中から取れるものではあるが、天からの授かりものである点を強調したかったのかも知れない。

3　蛇の変身

白鳥とともに『風土記』のなかで変身が語られるものに、蛇がある。蛇も世界の多くの文化の昔話において活躍する動物である。白鳥がもっぱら女性像と結びつくのに対して、蛇は男性にも女性にもなるのが特徴的である。次に『風土記』のなかの蛇に関する話を列挙してみる。

夜刀《やつ》の神としての蛇（『常陸国風土記』五五頁）　ここでは蛇が恐るべき神として語られる。継体天皇の世に、箭括《やはず》の氏《うじ》の麻多智《またち》という人が葦原を拓いて新田をつくった。そのとき夜刀《やつ》の神が沢山現われてその妨害をした。「蛇《へみ》を謂ひて夜刀の神と為す。其の形は、蛇《へみ》の身にして頭に角あり。率引《ひきゐ》て難《わざはひ》を免るる時、見る人あらば、家門を破滅《ほろぼ》し、子孫《うみのこ》継がず」と述べられているが、「逃げるときに見てはならない」というのは一種のタブーであろうか。ところで、麻多智は武器をとって蛇を殺したり追いやったりした後、「山口に至り、標《しるし》の梲《つゑ》を堺の堀に置《た》て、夜刀の神に告げていひしく、「此より上は神の地《ところ》と為《な》すことを聴《ゆる》さむ。此より下は人の田と作《な》すべし。今より後、吾、神の祝《はふり》と為りて、永《とこ》代《しへ》に敬ひ祭らむ。冀《ねが》はくは、な祟《たた》りそ、な恨みそ」」と言って社《やしろ》をつくり、祭ることにした。

これは恐るべき神に対する人間の対応の方法としてのひとつの典型を示すもので、ある「境界」を決めて互いに神と人との領域を明らかにし、人は神を祭る代りに神の方も人に害を与えないで欲しい、という一種の妥協を成立させるのである。ここで相手の危害を加える性質のみを強調すると、それは「悪」として徹底的に退治することが必要になるし、相手の神性のみを認めると、ただその命令に服従しなくてはならなくなる。日本の「神」は中間者であり、従って人間との間に妥協が成立するのである。昔話においては、鬼や山姥などを完全に駆逐するのではなく、追いやったり、境界を設定したりして難を逃れることが多いが、そのような考えの源は『風土記』に既に多く認められる。

避け隠れる「神《あや》しき蛇《へみ》」（『常陸国風土記』前掲の続き）　先に述べた蛇の社の話の続きである。この蛇の社のあたりに孝徳天皇の世になって、池をつくることになった。すると夜刀《やつ》の神が池の傍の椎《しい》の木に登って立ち去らない。そこで「此の池を修《をさ》めしむるは、要《むね》は民を活《い》かすにあり。何《なに》の神《あまつかみ》、誰《いづれ》の祇《くにつかみ》ぞ、風化《おもむけ》に従はざる」と言い、何であろうと虫の類は打ち殺してしまえと役《えだち》の民に命令すると、「神《あや》しき蛇《へみ》避けて隠りき」ということになる。これは「文明開化」の力が土着の神を追い払った話とも取れるし、あるいは、天皇族がそれに対敵する部族を駆逐した話とも取れる。ただ後者のときは、土蜘蛛などの呼称が用いられ、それが部族の呼称であることが明らかにされているが、「蛇」の場合は、むしろ動物の蛇のイメージが重なる語り方がされているのが特徴的である。

角の折れた蛇（『常陸国風土記』七七頁）　前項にもあったが『風土記』に現われる蛇に

は「角《つの》」があることがある。これは何を意味するのか、どのようなところから生じたのか不明である。その強さ恐ろしさを示すためのものではあろう。香島郡の「角折《つのをれ》の浜《はま》」の由来として語られる。「古《いにしへ》、大きなる蛇《へみ》あり。東《ひむがし》の海に通《いた》らむと欲《おも》ひて、浜を掘《ほ》りて穴を作るに、蛇《へみ》の角《つの》、折《を》れ落ちき。」よって「角折の浜」と名づけたと言う。この蛇の角の折れる話をどう解釈すべきか、筆者には適切な考えがまだ浮かんで来ない。これに続いて「或るひといへらく」として、倭武《やまとたける》の天皇《すめらみこと》（倭武は『風土記』のなかではよく天皇と呼ばれる）がこの浜に来たとき、料理のための水を得ようとして、鹿の角で土を掘ろうとしたが、角が折れたので「角折の浜」と名づけたという異説が紹介されている。この頃になると、人々は「蛇の角」の意味を了解しかねたのかも知れない。昔話には角のある蛇は登場しないと思う。

蛇聟の話⑴（『常陸国風土記』七九頁）　蛇が聟として登場する話は昔話に「蛇聟入」として記載され多くの類話をもっている。神話としても『古事記』の大三輪主の話として語られている。ここに記されている話はそれらとの関連で興味深いので、少し詳しく紹介する。

茨城《うばらき》の里に努賀毗古《ぬかびこ》と努賀毗咩《ぬかびめ》という兄妹がいた。ところが妹の室に毎夜訪ねてくる男性がいるが、名を名乗らない。努賀毗咩は妊娠して子どもを産む。小さい蛇の子であった。日中は何も言わないが、夜になると母親と話をする。努賀毗古と努賀毗咩は驚きあやしみ「神の子」だろうと思う。「浄《きよ》き杯《つき》」に蛇の子を入れておくと一夜のうちにそれに一杯の大きさになった。そこで大きい器に代えると、また大きくなり、三、四度とも同様で、とうとう入れる器がなくなった。そこで、「汝《いまし》が器宇《うつはもの》を量るに、自《おのずか》ら神の子なることを知りぬ。我《あ》が属《うから》の勢は、養長《ひた》すべからず、父の在《いま》すところに従《ゆ》きね。此にあるべからず」と言う。子どもは悲しんだが、母親の命には従わねばならない。ただ一人で行くのよりは、「矜《あはみ》れて一《ひとり》の小子《わらは》を副《そ》へたまへ」と答えた。母親はお前の母と伯父がいるだけだから誰も従って行く者は居ないと言うと、子どもは恨んでものを言わなくなった。別れるとき怒りのあまり伯父を殺して天に昇ろうとするが、母親が驚いて盆《ひらか》を投げつけたので子どもは昇ることができず、その峯に留まった。

兄と妹の組合せがあり、そこに妹の夫が現われ、夫と兄の間に葛藤が生じるのは、『古事記』のなかの有名な沙本毘古と沙本毘売の話を思わせる。これはおそらく母系の社会が父系に変化してゆくときに生じた問題を反映しているものと考えられる。昔話の「蛇聟」の話では、ほとんどの場合は蛇聟が殺されてしまうことになるが、おそらくそれは後代の話であり、原型は、蛇聟は『古事記』の大三輪の神のように「神」であり、その子どもは神性をそなえた人間として崇められるというものであったろう。その点で、この話は大三輪型の神話と、蛇聟型の昔話の中間に存在するものとして注目すべき話である。

ここで蛇の子を器に入れるとどんどん大きくなり、文字どおりそこの家の「器量」をこえた存在であることがわかる、というところは面白いが、これはおそらく昔話には見られないのではなかろうか。また蛇の子が家を立ち去るときに「一《ひとり》の小子《わらは》を副《そ》へたまへ」と言うところも、あまり類話がないように思う。いわゆる「小さ子」の主題は母親との関連で出てくるが、このようなかたちで言及されるのは珍しいのではなかろうか。今後研究すべき課題とも思われる。

蛇聟の話(2)(『肥前国風土記』三九七頁)　大伴の狭手彦《さでひこ》の連《むらじ》が任那《みまな》に舟で渡ったとき、弟日姫子《おとひひめこ》が峯に登って褶《ひれ》を振った。そこでその峯を褶振《ひれふり》の峯というようになった。二人が別れて五日後、弟日姫子を夜毎たずねて共に寝、朝になると早く帰って行く男があった。顔は狭手彦によく似ていた。弟日姫子はあやしいと思い、ひそかに続麻《うみを》を男の衣の裾につけ、それを頼りに尋ねて行くと、峯のほとりの沼の傍に蛇が寝ていた。体は人間で沼の底に沈み、頭は蛇で沼の岸に寝ていた。それがたちまち人になって、

篠原《しのはら》の　弟姫《おとひめ》の子《こ》ぞ
さ一夜《ひとゆ》も　率寝《ゐね》てむ時《しだ》や
家《いへ》にくださむ

と言った。弟日姫子の従者は走り帰り、親族に告げ、そこへやってくると蛇も弟日姫子も見えず、沼の底に人の屍《かばね》があったので峯の南の方に弟日姫子の墓をつくった。

この話は、続麻を用いて夫の居場所をつきとめるところが『古事記』の話と同様になっているが、結末は悲劇に終っている。

以上、蛇の変身の主題について見てきたが、蛇聟はあるが蛇女房の話はない。『風土記』はごく一部分のみしか現存していないので断定的なことは言えないが、おそらく母系の社会で男が妻を訪ねてゆく制度の間は、蛇聟の話はあっても蛇女房の話はなかったのではなかろうか。昔話の「蛇聟」と「蛇女房」とを比較するとき、前者の方が時代が古いという仮説をたててみてはどうなのか、と思っているが確たることは言えない。

以上で変身に関する考察を終り、次にその他の主題のなかで、特に「夢」に関するものが多いのでそれについてみることにする。

三　夢

夢は神話にも昔話にもよく語られる。中世の物語や説話のなかでも、夢は大切な話題である。『風土記』にも夢に関する話が多いので、それを順次取りあげてみよう。

夢のお告げ(1)(『出雲国風土記』一八三頁)　宇賀《うか》の郷の北の海辺に脳《なづき》の礒《いそ》というところ

があり、礒の西に窟戸《いはやど》がありその奥は人も入ることができずその奥行きも不明である。夢にこの礒の窟のほとりに至ると必ず死ぬ。そこで人々は古より今に至るまで、黄泉《よみ》の坂・黄泉《よみ》の穴と名づけている。

夢のなかでその窟のほとりに居るのを見ると必ず死ぬので、その窟は「黄泉の坂」である、と考えられているという話である。「夢のお告げ」の分類に入れるのもどうかと思ったが広義に解釈してそうしておいた。

夢のお告げ(2)(『出雲国風土記』二二七頁)　三沢の郷の大穴持命《おほなもちのみこと》の子、阿遅須枳高日子命《あぢすきたかひこのみこと》は「御須髪八握《みひげやつか》に生《お》ふるまで、夜昼哭《よるひるな》きまして、み辞通《ことかよ》はざりき」という状態であった。そこで大穴持命が夢のなかで「子どもの哭く由《よし》を知りたい」と願うと、夢のなかでは子どもが話をしているのを見た。目覚めて子どもに問いかけてみると「御沢《みさは》」と答えた。

これも夢のなかで言葉を発していたのが現実のこととなったので広義に解釈して「夢のお告げ」とした。阿遅須枳高日子命が「御須髪八握《みひげやつか》に生《お》ふるまで」哭いてものを言わなかったという描写は、須佐男命や本牟智和気《ほむちわけ》との関連性を示している。

夢のお告げ(3)(『肥前国風土記』三八三―三八五頁)　姫社《ひめこそ》の郷の山道《やまぢ》川のほとりに荒ぶる神が居て通行する者の半数を殺した。どうして祟るのかを占うと、「筑前の国宗像《むなかた》の郡の人、珂是古《かぜこ》」に社を祭らせよということであった。珂是古は自分に祭って欲しいのであれば、それを示せと、幡《はた》を風のままにまに放つと、幡は「御原《みはら》の郡の姫社《ひめこそ》の社《もり》」におち、また飛び帰ってきて山道川のほとりにおちた。その夜珂是古は夢のなかで臥機《くつびき》(織機の一種)と絡垜《たたり》(四角い枠の糸繰り道具)とが舞い遊び、珂是古を押して目を覚まさせるのを見た。そこで、彼は神が女神であることを知り、社を立てて祭った。それ以後、祟りはなくて道行く人は殺されず、その郷の名を姫社《ひめこそ》と呼ぶようになった。

この話でも夢がお告げを与えてくれている。そこで、織物のための道具が出てきて、神が女性であると知らせるところが印象的である。天照大神も高天原で機織りをしていたが、このことは女性性の象徴としての意味を強くもっているのであろう。ギリシャ神話ではアテーネが機織りをしている。

夢のお告げ(4)(『尾張国風土記』逸文四四二頁)　垂仁天皇の皇子、品津別《ほむつわけ》は七歳になってもものを言わない。そのとき皇后の夢に神が出てきて「吾《あ》は多具《たく》の国の神、名を阿麻乃《あまの》彌加都比女《みかつひめ》と曰《い》ふ。吾《あれ》、未《いま》だ祝《はふり》を得ず。若《も》し吾《あ》が為《ため》に祝人《はふり》を宛《あ》てば、皇子《みこ》能言《あぎと》ひ、亦是《またこれ》み壽考《いのちなが》からむ」と言う。それに従って社を立てた。

この話も夢のお告げによって、皇子がものを言わぬ由来がわかるもので、既に『出雲国風土記』の「夢のお告げ(2)」に紹介しているのと類似の話である。これらを『古事記』の本牟智和気《ほむちわけ》の話と比較すると興味深いと思うが、ここは本論と関係がないので省略する。

夢合《あわ》せ(夢野の鹿)の話(『摂津国風土記』逸文四二二―四二三頁) 雄伴《をとも》の郡の夢野というところがある。昔、刀我野《とがの》に牡鹿が居り、その本妻の牝鹿は夢野に居て、妾の牝鹿は淡路国の野嶋に居た。牡鹿はしばしば野嶋の牝鹿を訪ねていた。あるとき、牡鹿は本妻に向かって、「今夜の夢に、自分の背中に雪がふり、すすきが生えてくるというのを見た。これは何の前兆だろう」と尋ねた。妻の鹿は夫が妾のところに行くのを憎んで、「背中に草が生えるのは矢が背中にささるのであり、雪がふるのは、肉に食塩をまぶす(そのようにして人に食べられる)前兆である。お前が淡路の野嶋に行こうとすると必ず舟人に遭って射殺されるだろう」と言う。牡鹿はそれでも気持がおさえられずに淡路に行こうとして、実際に射殺されて死んだ。そこでその野を「夢野」と言うようになり、「刀《と》我野《がの》に立てる真牡鹿《まをしか》も、夢相《いめあはせ》のまにまに」と言った。

この話は夢の直接的なお告げではなく、「夢相」つまり夢の解釈が重要であり、しかも解釈の仕様によってその結果も異なってくることを述べている、という点で非常に興味深い。夢を見てもそれをどう解釈するかによって結果が異なるということは、『宇治拾遺物語』の伴大納言の夢の話にも認められる。往時の人々はこのように「夢相」ということを重要視したのであろう。

以上、夢についての記載を列挙したが、ひとつを除いて他はすべて「夢のお告げ」についての話である。古代の人間が夢を大事にしていたことがこれによってわかる。多くは神が夢のなかで語っているのだが、『摂津国風土記』の「夢合せ」の話のように、神と無関係のものもある。後者の場合は従って、夢合せということが大切になってくるのである。日本昔話で夢が主題となるものには、「夢見小僧」(『大成』一五六)と「夢買長者」(同一五八)がある。前者は子どもが見た大事な初夢を大人が聞きたがるのに頑固に言わずに頑張り、そのために迫害されるが、後に夢に見たとおりに成功する話。後者はよい夢を見た人がそれを友人に語り、その夢を買った人間が長者になる話である。いずれも、かるがるしく他人に夢を話してはならない、という教訓をもつものである。

夢を不用意に他人に話すべきではない。というのは、うっかり変な「夢合せ」を他人にされると大変なことになるという話にもつながってくるだろう。むしろ、このような夢買いなどの話は中世の説話の方によく認められる。おそらく、夢に関しては、神のお告げとしてそれに従う類の話があり、その後になって、夢をうっかり他人にもらすなとか、夢合せを問題にするような話がでてきたものと推察される。

四　その他の主題

以上に昔話によく現われる主題で『風土記』にも比較的よく記されているものについて論じてきたが、『風土記』のなかに単発的に見られる主題で、昔話と関連するもののうち興味あるものについて、次に取りあげてみたい。順は不同である。

酒泉（『播磨国風土記』二六七頁）　景行天皇の世に酒の涌き出る泉のある山があり、酒山と呼んだ。百姓が飲んで酔ってけんかをするので、埋めてしまった。天智朝九年（六七〇）に掘り出してみたら、未だ酒の気があった。昔話の「酒泉」（『大成』一五四）では発見者は酒屋になって金持になるが、こちらではけんかの元になるというので埋められてしまう。

来訪者(1)（『常陸国風土記』三九―四一頁）　昔、神祖《みおや》の尊（誰を指すか不明）があちこちの神を訪ね、駿河の福慈《ふじ》の岳《やま》のところに来た。日が暮れてきたので宿りを乞うと、福慈の神は、新穀祭をしていて、ものいみをしているので宿は貸せないと断る。神祖の尊は恨んで、お前が住んでいる山は「生涯《いき》の極《きは》み、冬も夏も雪ふり霜《しも》おきて、冷寒《さむさ》重襲《しき》り、人《ひ》民《と》登《のぼ》らず、飲食《をしもの》な尊《まつ》りそ」と言った。そして筑波の山へ行き宿りを乞うと、筑波の神は、今日は新穀祭だけれど、お受けしないわけにはゆかない、と言う。そこで神祖の尊は喜んで歌を歌ってほめたたえる。このため、福慈の山は常に雪が降って登ることができず、筑波の山の方は、人々が歌い舞いして楽しむことになった。

来訪者(2)（『備後国風土記』逸文四八八―四八九頁）　これはよく知られている「蘇民将来」の話である。武塔の神が日暮に宿を貸りようとする。兄の蘇民将来は貧しく、弟の蘇民将来は金持であるが、弟は断るのに対して兄の方は宿を貸してもてなす。数年後に武塔の神は兄の将来の娘に「茅《ち》の輪《わ》を腰の上につけさせ」て、それを目印とし、それ以外の人間をすべて殺してしまう。その後、疫病がはやるときに、蘇民将来の子孫であると言って茅の輪を腰につけていると難を逃れると伝えられる。

この二つの話は来訪者に対して親切にした者に福がもたらされる、あるいは、不親切にしたものに災いがもたらされる、という話である。昔話では「猿長者」(『大成』一九七)、「宝手拭」(同一九八)などにそれが認められる。いわゆる弘法伝説にもよく認められる主題である。蘇民将来の方では、兄弟間の葛藤にまでは至っていないが、兄弟の生き方の対比ということも語られている。

逃竄譚(『播磨国風土記』三三七頁)　法太《はふだ》の里。讃伎日子《さぬきひこ》と建石命《たけいはのみこと》が相争い、讃伎日子が負けて逃げるとき「手以《ても》て匐《は》ひ去《い》にき」というので匐田《はふだ》と呼ばれるようになった。また、建石命は坂のところまで追いやって自分の「御冠《みかげ》」を坂に置き、これからはこの境界より入ってくるな、と言った。

境界を定める　昔話や神話によく示される逃竄譚は『風土記』にはあまり語られないが、それとの関連で語られる、境を定めて「悪」と思われるものの侵入を禁ずることは、多く語られる。ここに「悪」と表現したものは文字どおりの悪者の場合もあるが「荒ぶる神」に対してのときもある。もともと古代の日本では善悪としての「悪」の観念は明確ではなかったと思われる。ともかく恐るべき対象に対して「境界」をたてることによって共存をはかる態度が強かったと思われる。そのような例を次にあげる。

標《しるし》の梲《つゑ》を立てる　これは既に夜刀《やつ》の神の話として紹介した（『常陸国風土記』）。

石でふさぐ（『出雲国風土記』二三二頁）　玉日女命《たまひめのみこと》を恋《した》って和爾《わに》が川をのぼってくる。そこで玉日女命は石で川をふさいだので、和爾は会うことができず恋うのみであった。そこを恋山《したひやま》と名づけた。

肉を串にかける（『出雲国風土記』一〇五頁）　これは娘を鰐に食い殺された父親が、怒ってその鰐を殺し、その後でその鰐を「串《くし》に挂《か》け、路《みち》の垂《ほとり》に立《た》て」たという話である。ここで串にさして路に立てたのは復讐の意味だけで、次からの侵入を防ぐ意図はなかったかも知れないが、昔話には時にこのような主題が見られるので記しておいた。

蘇生(1)（『播磨国風土記』二七九頁）　継《つぎ》の潮《みなと》というところで、昔に一人の女が死んだが、筑紫の国の火君等《ひのきみら》の祖《おや》がその女を「復生《つぎい》かし、仍《よ》りて取《あ》ひき」とある。蘇生させて結婚したのだが、それがなぜ、どのようにして蘇生させたかについては何も語られていない。

蘇生(2)（『伊予国風土記』逸文四九三頁）　大穴持命《おほなもちのみこと》が死んだ宿奈毗古那命《すくなひこなのみこと》を生かそうとして、大分《おほきだ》の速見の湯をもってきて浴びさせると、生き返ってきて、「真蹔《ましまし》、寝《い》ねつるかも」と言って、元気に力を入れて地面を踏んだ。

蘇生のことは日本の昔話に稀ではあるが、語られる。特に宿奈毗古那が生き返ってきたとき、「暫らく眠っていたものだ」と言うところは、『日本昔話大成』一八〇の「姉と弟」の話で死んだ弟を姉が生き返らせると「朝寝ぞしたる、夕寝ぞしたるべんとこまかせ」と言って起きあがるのと感じが似ている。昔話には蘇生させるために生鞭死鞭とか、生かす花とかが用いられるが、『風土記』は⑴の方では何の説明もなく、⑵では湯が用いられている。おそらく、昔話の方では「お話」としての工夫がこらされたのであろう。

笛吹聟（『山城国風土記』逸文四一八頁）　これは宇治橋姫の話で「参考」として記載されている。宇治の橋姫が妊娠中の悪阻にわかめを欲しいと言い、夫が海辺に行きそこで笛を吹いていると龍神が賞でて彼を聟にしてしまった。橋姫が夫を尋ねて海辺に行くと、ある老女が「あの人は龍神の聟になったが、龍宮の火をいみて、ここで食事をするのだ」と教えてくれる。そこへ夫が来たので話合いをしたが、橋姫は泣く泣く別れた。その後、夫は帰ってきて橋姫と元どおりの夫婦になった。

男の笛の音に天女が心を惹かれて結婚する、というのが昔話の「笛吹聟」（『大成』一一九）である。この場合は天女ではなく龍神になっているが、いずれにしても異界の女性が笛に心惹かれるところが特徴的である。なおこの橋姫の話には、異界の火で料理したものを食べると、こちらに戻って来れないというタブーが語られているのも興味深い。男がどうして橋姫のところに戻ってきたのか、その経緯が語られていず残念である。

大男（『常陸国風土記』七九頁）　大櫛《おほくし》というところに、昔、大男がいた。身は丘の上に居ながら手は海辺の大蛤をとり、食べた貝が積って岡となった。その足跡は長さ三十余歩《あし》、広さ二十余歩《あし》、尿《ゆまり》の穴の直径は二十余歩《あし》ほどあった。『風土記』の注によると、三十歩《あし》は約五三・五メートル、二十歩《あし》は約三六メートルにあたる。日本の昔話や神話には、大男の話は珍しい。その点でこれは注目に値する。

昔話の主題と関連するものは、未だ探しだせばあると思うが、主なものとしては以上で終りとし、『風土記』の昔話との関連で考えられる特徴について次に考えてみたい。

五　『風土記』の特性

これまでに述べてきたように、『風土記』には昔話の主題になるものが多くあることがわかった。ここで『風土記』と昔話との関連を知るひとつの方法として、昔話によく出てくる主題で、『風土記』には認められないものを考えてみることにしよう。

まず言えることは「動物報恩譚」がまったく見られないことである。これは特筆すべきことである。既に示したように白鳥や蛇の変身に伴って結婚の話も語られるが、『日本昔話大成』にある多くの異類婚には動物の報恩のことがよく語られているのに対して、『風土記』にはそれが全然ないのである。そもそも「浦島太郎」の原型とも考えられる『丹後国風土記』の「浦嶼子」の話に亀の報恩ということが語られない事実がそれを示している。おそらく「動物報恩譚」は仏教の因果応報の考えとともに後代に輸入されたものと思われる。

次に昔話に相当あって『風土記』に語られないのが、継母と継娘の話である。これは『日本昔話大成』にも、継子譚としてまとめられているが、「米福粟福」などをはじめ多くの話がある。ここで注目すべきことは、これらの話のなかには結婚によるハッピー・エンドの話が割にある事実である。西洋の昔話と比較する日本の昔話に結婚のハッピー・エンド型のものが少ないことは、つとに指摘されているところであるが、この「継子譚」だけが例外と言ってよい。

このようなグループには「手無し娘」のようにグリムの話と極めて類似性の高いものも含まれているので、『風土記』にこのような主題が存在しないことから考えて、「継子譚」は後代に西洋から伝播してきたものか、と一応考えられる。しかし、このことは簡単に承認できない。というのは、昔話ではないが平安初期に成立したと思われる『落窪物語』には、典型的な継母と継娘の物語が語られているからである。従ってこの問題は速断することなく今後もう少し詳細に考察してゆきたいと思っている。

ともかく明確に言えるのは、母系社会であれば、継母の問題は生じないはずである。母系から父系への移行期の物語としては、『風土記』のなかの「蛇聟の話(1)」がそれに当たるであろうと指摘しておいた。しかし、完全に父系社会になってはいなかったので、『風土記』の時代には継母の話がなかったと推察される。ただ、継子いじめ的なことを感じさせるものとして、既に少し触れた「奈具の社」の話があるが、これはむしろ、異界の存在との関係の話として、鶴女房などに通じるものと考える方が妥当ではなかろうか。

次に、『風土記』にはあるが、昔話に認められないものとして、有名な「国引き」の話がある。これは『出雲国風土記』にある話で、周知のことだから紹介するまでもないだろう。やはり、国を創るときの話であるだけに、神話的要素が強く、従って昔話の主題とはなり難かったと思われる。

『播磨国風土記』には隠妻《なびづま》の話が記されている。景行天皇が印南の別嬢《わきいらつめ》を訪ねてゆくが彼女は逃げて南毗都麻《なびつま》島《しま》に渡ってしまう。それを追って天皇は島に行き、会うことができる。当時は男性が女性を求めて訪ねて行く風習だったので、このような隠妻の話があると思われる。あるいは、すぐに従わずに一応は逃げてみせたりすることが風習になっていたのかも知れない。このような男性の積極的な求婚と女性の受動的な行為に対して、昔話の異類婚譚で女性が異類の場合は、ほとんどと言っていいほど、女性がプロポーズをし男性がそれに従っている。この対比はなかなか興味深い。『風土記』においても昔話的要素の強い「浦嶼子」の話では、五色の亀が美女に変身し、「風流之士《みやびを》、独《ひとり》蒼《う》海《み》に汎《うか》べり。近《した》しく談《かた》らはむおもひに勝《た》へず」に来たのだと言い、「相談《あひかた》らひて愛《うつく》しみたまへ」と言う。嶼子がためらいを見せると、「賤妾《やつこ》が意《こころ》は、天地と畢《を》へ、日月と極まらむとおもふ。但《ただ》、君は奈何《いかに》か、早《すむや》けく許不《いなせ》の意《こころ》を先《し》らむ」とたたみかけている。このような積極的な姿は先に示した隠妻の姿とは極めて対照的である。

このような対比が生じるのは、おそらく現実生活においては隠妻のようなのが一般的であり、それに対する反作用として、ファンタジーの世界では、異界から現われた美女が積極的にはたらきかけてくる、というイメージが強くなったものと推察される。『風土記』には現実的な話と、昔話的な話とがともに記載されているので、そのどちらの型に属する話も読むことができるものと思われる。

既に示したように、白鳥の乙女の話は『風土記』にあり、昔話にもそれが継承されているのだが、中世の仏教説話には認められないのである。昔話においても、むしろ「天女」として語られて白鳥の姿は消えている。白鳥が女性として語られるのは、『大成』二一五の「白鳥の姉」であるが、これは沖永良部島で採集されたもので、その他の地方にはあまり分布していない。つまり、白鳥の乙女のイメージは古代に強く存在したのに対して、後代では弱くなってしまっている。

『古事記』では白鳥はあきらかに倭建《やまとたける》の魂を表わすものとして語られている。分析心理学者のユングは男性にとって、その魂は女性像(彼の言うアニマ・イメージ)によって表わされることを主張している。白鳥の乙女のイメージはまさにその線に沿うもので、『古事記』や『風土記』に語られる白鳥はそのような意味合いをそなえている。ところが、中世の説話になって、そのイメージが姿を消すことは、仏教の影響によるものと思われる。

筆者はかつて仏教が女性像によって表わされるアニマというのを抹殺してしまったのではないかという点を、九相詩絵などと関連して論じたが、[8] この白鳥の乙女の消失もそのことと関連している、と思われる。西洋において称揚されたロマンチックな愛ということが日本に生まれなかったことも、これと関連してくるであろう。それでも、昔話の方にはある程度その痕跡をとどめているのだから、まったく無くなったとは考えられず、白鳥の乙女の像はあちこちに残存しているのではなかろうか。その系譜をたどってみることは興味深いと思うが、今後の課題としておきたい。

以上、『風土記』と昔話との関連について考察を重ねてきた。現在われわれが採集によって集積した昔話について、その成立過程などに関して、仏教の影響によって受ける変化などを考慮し、仮説的ではあるがある程度の知見を得ることができたと思う。

注

(1) 拙著『昔話と日本人の心』岩波書店、一九八二年(岩波現代文庫)。

(2) 以下『風土記』に関しての引用は、日本古典文学大系2『風土記』秋本吉郎校注、岩波書店、一九五八年の「解説」による。

(3) 前記の「解説」による。
(4) フォン・フランツ、氏原寛訳『おとぎ話の心理学』創元社、一九七九年。
(5) 中西進・山田慶兒・河合隼雄『むかし琵琶湖で鯨が捕れた』潮出版社、一九九一年。
(6) ここに示す頁数は前掲の日本古典文学大系2『風土記』のなかの頁を示している。
(7) 関敬吾他編『日本昔話大成』全一二巻、角川書店、一九七八—八〇年。以後『大成』と略記する。番号は同書の分類番号を示す。
(8) 拙著『明恵　夢を生きる』京都松柏社、一九八七年〔講談社＋α文庫〕。

6　日本昔話の心理学的解明——「蛇婿入り」と「蛇女房」を中心に

異類との結婚

　ここでは、昔話、しかも「蛇婿入りと蛇女房」という人間と蛇の結婚の話を取りあげてみようと思います。これはどうも現代社会とはぜんぜん関係ないようですが、実は深い関係があると私は思っています。私は心理療法を専門にしていますが、その私が昔話の研究をしますのは、心理学の応用とか、片手間にやっているのではなく、私の仕事と切っても切れない、同じことをやっていると言ってもいいぐらいの話なのです。実際に皆さんが生きていかれる上でいろんな悩み、子どもがどうしたとか、離婚だとか、嫁と姑とか、そういう相談を私が受けておりますことと昔話は密接に関係があるわけです。たとえば、皆さんご存知の「ヘンゼルとグレーテル」の話の中に、お菓子の家というのがあります。こんなお菓子の家なんか昔話のことであって、別に現在と関係ないと思うかも知れませんが、いまの子どもたちはお菓子の家に住んでいるみたいなもので、何でも好きなものが食べられる、甘やかされていると考えますと、非常にぴったりなのです。

しかもお菓子の家を食って喜んでいるうちに、自分はおばあさんに食われそうになる。実際、子どもを「食いもの」にしている人なんかいっぱいいるのですから、そういうふうに考えますと「ヘンゼルとグレーテル」の話はがぜん現在の話になってくるのです。

ただし、ここではそういう西洋の話ではなくて日本の「お話」を取りあげます。「蛇婿入りと蛇女房」は、日本全国に非常にたくさん分布している「お話」です。細かいところはずいぶんちがうのですが、「蛇婿入り」のほうはおだまき型と水乞型の二つの型に分けられております。おだまき型は夜な夜な女のところに男がしのび込んでくる。素姓がわからないので何とかしようというわけで、糸のついた針をさしておく。その男が帰ったあと、糸をつけていくとそれが蛇なのです。蛇は苦しんでいて、話し声が聞えるので盗み聞きしますと、蛇は頭に針を刺されて死ぬのだが、あの女が自分の子どもを宿しているから、その子が生まれて仇をとってくれるだろうと言っている。そうすると親の蛇がそれでも五月の節句に菖蒲湯に入れると子どもは全部死んでしまうのだ、そういうことを人間がやったら困るじゃないかと言う。それを立ち聞きして帰って、その女の人は五月の菖蒲湯に入ると、蛇の子どもがおりて、全部死んでしまった。だからそれ以後、五月に菖蒲湯に入るようになったという「お話」なのです。これだって、蛇の子がおりるとか言ってますが、妊娠中絶と言いますと、現在の現象と重なってくる感じもします。

この話を聞いて、素姓のまったくわからぬ男と結婚することなどもう日本にはないと皆さん思われるでしょう。しかし、これを少しちがうレベルで考えていきますと、われわれのところに相談に来る方で、結婚して二、三年たってどうしても離婚したいと言う人があります。そんな方がよく言われるセリフに、うちの主人があんな人であるとは思わなかったというセリフがあります。結婚して三年ぐらいたったときに、ご主人が前とちがって自分を顧みない。酒は飲んでくる、殴ったり蹴ったりする。離婚のために相手方の家族と交渉すると目茶苦茶なことを言う。そこで、「あんな家族はほんとに素姓が知れん」と、こういうことを言われるのです。これは類いがちがうのではないか、あれは「蛇族ではないか」と言いたいのでしょう。つまり、素姓のわからぬ人と結婚していたことになります。このように言いますと、この「蛇婿入り」の話は非常に迫真力をもって現在のことになってくるのです。

次に「蛇女房」を見てみますと、この話の典型的な例は、非常に美しい女性がやってきまして、こういう話の特徴はみんな女性のほうからプロポーズします。男はそれを承知して結婚します。その後いろいろあるのですが、よくあるのは、蛇は自分が子どもを産むところを見ないようにして欲しいと言うのです。あるいは「蛇女房」と似たような類いで皆さんよくご存知なのは「鶴女房」というのがあります。鶴は子どもを産むときではなくて、自分が機を織るところを見ないようにして欲しいと言う。ともかくある秘密を見ないで欲しいという禁止のタブーがある。ところが、見ないようにして欲しいと言うと、見たくなるのが人情で、だいたいが見ることになっています。

それはともかく、主人は外へ出ていったようなフリをしてそっと覗くと、「妻は、主人が出かけていったので、一人だと思ってのうのうと部屋いっぱいに大蛇になって寝ころんだ」ということです。こんな人、私はいっぱいいるような気がするのです(笑)。

あるいはもうちょっと深刻になりますと、こういう異類女房で「狐女房」というのがあります。そこでは、子どもが母親の尻っぽを見つけて父親にそれを告げるのです。これなんかでもそういう深刻な例をわれわれはよく知っています。たとえば、子どもが忘れ物をして学校から急に帰ったら、お母さんがよその男と寝ていたという話があります。そこでもちろん離婚の話に発展します。そんなふうに考えますと、狐女房であれ蛇女房であれ、何も昔の話ではないと思うのです。

メルヘンと自然科学

ただし、私がいま言いましたのは非常に浅いレベルで話をしているので、もっと深く考えることができます。もう少し深く考えるために外国のものと日本のものと比較しようと思います。日本の「蛇婿入り」のおだまき型のほうを先に言いましたが、「蛇婿入り」の水乞型というのがあります。父親のお百姓さんが田を見にいくと水がなくなっている。田に水を入れてくれるものには、うちの娘をやるんだけどと言うのです。ところが、蛇が水を入れてくれて、娘を欲しいと言う。お百姓さんには娘さんが三人いて、一番上の娘も二番目もいやだと言う。三番目が、お父さんが助けてもらったんだからわたしはお嫁にいくと言う。その娘さんがお嫁にいくときにお父さんに頼んで瓢箪《ひょうたん》と針をもっていく。たくさんの瓢箪に針をつけて水に浮かべまして、蛇にこの瓢箪を沈めてくれと言うと、蛇が死に物狂いになって沈めているうちに、針に刺されて死んでしまった。そして蛇を退治して、めでたしめでたし。これが日本の「蛇婿入り」の水乞型の一つの典型例なのです。

この話と非常によく似たパターンで後のほうがちがってくる西洋の有名な話があります。皆さんもだいたい感づかれたかも知れませんが、「美女と野獣」というタイプです。つまり三人の娘と父親がいる。ふつうよくある話では、娘がお土産に欲しいと言ったので、父親がある城でバラの花をとったら獣が出てきて、このバラの花をとったからにはおまえを殺すか、そうでなかったら娘を寄こせと言う。父親は娘に獣のところへお嫁にいってくれと頼むが、一番目はいかない、二番目もいかない、三番目がいく。このへんは日本の話と同じです。

ところが、西洋の話と日本の話と決定的にちがうところは、娘が獣のところへいき、彼女の愛によって獣が王子様に変身するということです。話の展開の仕方にはいろいろありますが、娘が一度里へ帰ってくる話が多い。里へ帰るときに、獣は一週間で帰ってきてくれなどと娘に約束させるのです。ところが娘さんのほうは、帰ってきてお父さんが病気になったり、別れるのが悲しいと姉さんに言われたりして日を延ばされる。それでも獣のことが忘れられずに帰ってきて、やっぱりあなたが好きですと言ったとたんに王子様になる。

獣は魔法によって獣にされているんだけれども、その魔法が解けて人間になって、最後は結婚して、めでたしめでたしと終りますが、日本のは、蛇は蛇であって殺されてめでたしということになるのです。このちがいについて考えてみたいと思います。

日本の昔話と西洋の昔話を小澤俊夫さんという方がずいぶん比較研究しておられまして、『世界の民話』(中公新書、一九七九年)という本も書いておられますし、外国の学者と討論した本も書いておられます。小澤さんによると、ヨーロッパにくらべると日本の昔話には結婚の話が非常に少ないのです。そして、日本の昔話には魔法ということがないのです。つまり蛇は話をしたり結婚したりするところは人間的なんだけれども、殺されるあたりはがぜんもとの蛇のままなのですね。あるいは蛇の子どもを産みそうになっても、こんなものはおろしてしまわなければ困るという現実感覚みたいなものが、日本にはあるのです。

ところで、西洋の昔話では、魔法によってパッと変ったり、魔法によって空を飛んだりします。そういうわけで、真面目な学校の先生の中には、昔話を子どもにするのはよくないのではないか。なぜかと言うと、途方もない空想的なことが書いてあって、子どもたちが現実から遊離するのではないか。たとえば、試験を魔法でパッと受からんかなとか、こんなバカなことを思いだすと、教育上よくない、だから子どもには昔話をしないほうがいいなんて言われる先生があるのですが、それは非常に浅はかな考えでして、だいたい真面目な人には浅はかな人が多いんですけれども(笑)、私はそれはファンタジーとかリアリティーに対する考えが浅はかすぎると思います。

その反論の一つとして私が言いたいのは、こういう魔法のメルヘンを非常にたくさんもっていたヨーロッパのほうが、自然科学が発達しているという事実です。蛇は蛇として、殺してめでたいと思っている国には科学が発達しなかったというのは、非常に大事なことだと私は思います。どうしてヨーロッパの国だけに自然科学が発達して、しかもヨーロッパの国に発達した自然科学を日本人だけがどうしていち早く取り入れることができたのかということは重要な問題です。これは日本人の生き方に関連してきます。現在、われわれはけっこう西洋流に生きているのですが、人間関係とか、生き方の根本ではまだまだ日本的なところがあります。そういうことを反省する上において、いま私が言いました魔法とかファンタジーというものをたくさんもっていた国ともたない国の差、あるいは、メルヘンの中で結婚ということを非常に大事にした国と、そういうことはあまり大事にしなかった国との差はどうなんだろうかということが問題となってきます。

その結婚の問題はあとで考えることにしまして、もういちど蛇に返りますが、この蛇を、蛇は蛇だから殺してしまえという考え方と、これは変身して王子様になるという考え方があるのは、蛇のもつ二面性をよく表わしています。恐ろしい面と、素晴らしい面とがある。この二面性は日本の昔話にも実はよく出ているのです。これもご存知の方が多いと思いますが、実は「蛇婿入り」のおだまき型のいちばんもととして考えられるのに日本の神話があります。

『古事記』の中の崇神天皇の項目の中に三輪の大物主という話があります。名前は省略しますが、あるきれいな娘さんのところへ男が通ってくる。そして針と糸を裾につけておいて、ずっとつけていきますと、これは大物主神という神様であることがわかるのです。そして、生まれた子どもは非常に素晴らしい子どもだから、またこんど素晴らしい人と結婚するという話になるのです。この場合は西欧の話にちょっと似ているのですが、相手が蛇であるということは言わないのですが、穴から通ったりしますし、他にも似たような話がありますから、蛇を連想させられるのです。その正体が神様だから畏れかしこむのですが、正体までは見ていません。だから変身ということはないのです。しかし、非常に素晴らしい神聖なものだという考えは明白に出ています。その点に注目しますと、これは柳田國男が言っているのですが、おそらく「蛇婿入り」の蛇婿は神様だったのではないか。ところが、そういう神話的な考え方がだんだん衰退してきて、妙な現実感が出てきて、蛇は恐ろしいから殺してしまえというふうになったのではないか。だから、もともとは神との結婚という素晴らしい話だったのが衰退して、「蛇婿入り」の話になってきたのではないかというように柳田國男は言うのです。それにしては私が言いました「蛇婿入り」の昔話が、日本中にあまりにもたくさん分布しています。つまり日本人の心を打ったからでしょう。そんな面白くないものだったら、みんな忘れてしまうと思うのですが、未だに各地に残っていることは、やはり日本人の心性に合ったわけでしょう。

そして蛇は蛇として殺してしまえと言うのと、何か神聖であると言うのとの中間として、『平家物語』にも出てくる緒方三郎伝説などがあります。それはやはり蛇の子を宿し、蛇は死んでしまうのですが、生まれてきた子どもは英雄になるのです。これは昔話の類話の中にもあります。それはやはり蛇の子を英雄として見るというので、蛇を高く評価している。ただしこの場合大事なことは、子どもは大事なのだけれども、蛇は死んでしまう。だから父親になる人、夫になる人は消え去って子どもが残るというタイプなのです。

立ち去るものの哀れさ

こういうふうに考えますと、私はこの「蛇婿入り」の話について、現代における具体的なこととの比較からだんだん次元を変えてきましたが、ここでもう一段と次元を変えますと、女性が男性的なものをどこまで受けいれるかという問題に関連づけられると思います。女性にとって男性的なものはやはり恐ろしいものでしょう。あまり受けいれるとつまはじきされるようになるかも知れない。しかし、女性がその内面において男性的なものをある程度身につけることは非常に強力なことで、現在の日本の女性の中にはそういう男性的なものを身につけている方はたくさんおられますし、身につけるために文化講演を聞きにくる人もおられます。だから女性が男性をどこまで受けいれるかという点から考えると、西洋の場合は、獣がまったく変身して王子となって受けいれられるということが起っている。日本人の場合、そこは非常にアンビバレントになっているというか、迷いがあるわけで、神聖なものでそれは受けいれられないが、せめてその子どもぐらいは大切にする。夫のほうはちょっとおいておいて、生まれてきた子どもの男性性は受けいれる。そうでなければいっそのこと殺してしまう。つまり自分は女として生きるのであって、男性的なものは受けつけないということになる。

こういうふうな話のバラエティーは、日本人の女性の生き方のタイプを言っているような気がします。日本の女の人で男性性はまったくご免というので殺してしまって、めでたしめでたしで生きている人と、ちょっと受けいれている人と、ご主人はともかくとして、息子は素晴らしいと思っている人とか、いろいろあるでしょう。そういうふうに考えてもいいし、これを内面的に言うならば、自分の心の中の男性性をいかに生きるかという問題に変えて考えることもできると思います。

そういう見方で「蛇女房」のほうを見てみようと思います。「蛇女房」は蛇が女性に変身して、プロポーズして、結婚して、しばらくたって男が何かタブーを犯す。見られてはならないものを見られてその蛇は立ち去っていく。立ち去っていくところが非常に哀れなのですね。特に立ち去る女性の哀れさが美しく描かれているのは、皆さんご存知の「鶴女房」です。鶴が自分の羽を抜いて機を織る。ところがそれを見られたために去っていく。こういう消え去る女性は、この「蛇女房」だけではなくて「鶴女房」もあれば、「狐女房」もあり、いろいろあるのです。これは非常に面白くて、女房になれる動物と、なれない動物があるみたいです。「狸女房」というのはありそうな気もしますが、あまりないみたいですね。関敬吾先生が日本の昔話をたくさん集めて分類しておられる『日本昔話大成』(角川書店、一九七八―八〇年)という本があります。これを見ますと、「異類女房」に分類されているのは、蛇女房、蛙女房、蛤女房、魚女房、竜宮女房、鶴女房、狐女房、猫女房、天人女房とか笛吹聟とありますが、これらの話のほとんど全部、最後は男女の別れになります。

その中で一つだけ、猫が人間になって結婚して、めでたしめでたしというのがあります。ところが、この「猫女房」は類話は一つしかありません。だから日本にほとんどないわけで、この「猫女房」というのは誰か新しがり屋がつくったのではないか、これはちょっと特別ではないかと思います。

こういうのを見ますと、日本人というのは、男性と女性の結合による完成よりは、完成するはずのものが別れて立ち去っていくところに美しさを見出そうとしたのではないかという気がします。この立ち去る、消え去ることの美しさというのが、日本人にとっては美意識と結びつくのではないかと思います。

ところが、立ち去っていくものの、立ち去るほうも何とも言えませんから、立ち去った女性に恨みが残ることもある。その恨みが残る話もわりあいあります。「蛇女房」の類話の中には、蛇が去っていくときに子どものために目玉をおいていくのです。その宝物を殿様が欲しいと言ってとってしまったり、村人が目玉をとってしまったりする。そこで蛇が怒って大洪水を起して村人は全部流れてしまったという話がある。こういう点を見ますと、日本人を動かしている非常に大きい原動力は、立ち去るものの哀れさと、立ち去ったものの恨みであるとさえ言うことができます。日本の文学の中でこの二つは重要な役割を果たしているように思います。

しかし、そういうことと別に、先ほど言いましたように、男性でありながら女性性を受けいれる、あるいは女性でありながら男性性を受けいれるという考え方をしますと、日本人は、男性なり、女性なり、異性を真に受けいれることによって統合する、そういう方向には向かわなかったのではないかと思われます。

ここでもう少しつけ加えますと、男性と女性が結合するのは、ただ性的に結合して子どもが生まれるというだけでしたら、これはすべての動物がやっていることですから、何も別に大したことではないのです。だから、それは別に大きい意味をもちません。ところが、そういう単なる肉体的結合ではなくて、私が言いましたような象徴的なレベルで、男性によって表わされるもの、女性によって表わされるもの、こういうものが統合するというふうに考えますと、これは非常に高い意味をもつのではないかと思うのです。そういうふうな意味を日本人はあまり大事にしなかったと考えられます。

日本人の心の在り方

これらのことは日本人の心の在り方ということにつながってくると思うのですが、こういういまのパターンをよく考えますと、日本の神話の中にも同じようなパターンの原型が見られるのではないかと思います。それは「蛇婿入り」のほうで言いますと、蛇婿という男が女の世界へ入ろうとする、女をとろうとするのだけれども、結局殺されてしまう、追い出されてしまう。こういう点に注目しますと、天照《あまてらす》という女性が君臨している高天原へ素戔嗚《すさのお》という男性が侵入し、つかまえられて放逐されるパターンと同じだと思います。ところが、面白いのは、はっきりは書いてありませんが、天照と素戔嗚のあいだにできた子どもと考えられるもの、これは二人が結婚してできたとは書いてありませんが、二人が誓約というのを取り交わしたときに出てきた子どもが、結局は日本の天皇家の先祖になるのですから、先ほどのパターンで言うと、女性のところへ男性が入ってきて、男性は追い出されるのだけれども、そこにできた子どもは非常に大事であるというパターンだと考えられます。

あるいは、見るなのタブーを犯す「蛇女房」のパターンは、伊弉諾《いざなぎ》・伊弉冉《いざなみ》の話に出てきます。死んで黄泉の国にいる妻の伊弉冉を伊弉諾が訪ねていく。そこで、伊弉冉は、自分をいま見てはならない、しばらく待ってくれと言う。それでも、伊弉諾は火をともして見てしまうのです。火をともすと、伊弉冉の体の腐っているのが見えてびっくりして逃げ出す。これを伊弉冉が怒って追いかける。この神話では見てはならないというのを見たということが非常に大きい問題になっています。

ここで何か女性にとって非常に大事なもの、女性にとって絶対的な秘密と言っていいもの、それは大事なものであるけれども醜いものであるかも知れないというふうなものを、男は見てはならないという非常に大事なテーマが出てくるのです。そしてそれを見てしまったためにどうもうまくいかない。そこで女性は立ち去っていくのですけれども、女性が恨みをもった場合は、その立ち去った女性の恨みが原動力になって日本の文化をいろいろ動かす母体になっているということが出てきます。

たとえば、先ほど三輪の大物主の話をしました。これは否定せずに神様の子だから大事にしようと言うのですが、この大物主はそもそも出雲系の神なのです。日本の神話は天照系、高天原系の神が主流であって、素戔嗚、あるいは大国主は反主流派なのです。その反主流派のほうに属する大物主が現われてきて、その子孫を大切にするということは、いちど追いやられた素戔嗚の系統がもういちどこっちへ返ってきたと考えることができます。

だから日本で非常に特徴的なのは、いちど外へ追いやって、その追いやられたものがまた入りこんで返ってくる。そして全体を活性化して、揺り動かして新しくする。こういうパターンがよく繰り返されております。何か相反するものとか、ちがうものが統合されて新しいものができるというふうなパターンではないと考えられます。

そういう点から、話をもう少し抽象的にしますと、さっきから言っています結婚ということが、象徴的な意味をもつのではないか。異類婚、つまり人間が蛇と結婚する、人間が獣と結婚するというふうに異類婚にしている点に意味がある。猫が猫と結婚する、犬が犬と結婚する、これはあたりまえの話です、自然現象なのです。そうではなくて、人間が異類と結婚するということは、男と女はちがうんだ、ものすごくちがうんだという認識がまず先行して、にもかかわらず、結婚することになる。動物が自然にやっている結婚ではなくて、われわれが本当に結婚しようと思うと、まず、結婚してから相手が蛇と気がついて離婚しようというのは非常に下手な方法で、まず蛇であるということを認識して、つまり異類であることを認識したのちに結婚しようという場合は、象徴性が非常に高いのではないかと思うのです。

異類婚と外婚制度

このことは、私は心理的なほうにばかり注目して話していますが、皆さんの中で社会学的な見方の好きな人は、これは族内婚と族外婚のことであるというふうに考えられる人もあると思います。つまり同族同士で結婚するのは非常に簡単です。ところが、そのグループをもう少し活性化しようと思うと、同族でないほかの族と結婚する。内婚ではなく、外婚制度です。そういうことによって社会はもっと発展する。そのようなイメージをもたれると、この異類婚の話を外婚制度のことと見てもいいかも知れませんし、その意味は、私が言っております心理的な次元と重なってくると思います。

ここで少しつけ加えますと、小澤俊夫さんがそういう研究をしておられて、私は非常に面白いと思ったのですが、ヨーロッパの話では魔法と変身があります。日本は、蛇と話をしたりするところでは人間らしいのですけれども、どこかのところで蛇は蛇だとか、猿は猿だというペースに変ってしまう。ところが、パプア・ニューギニアとか、あるいはアラスカとかの話では、トナカイと人間が平気で結婚してみたり、離れてみたり、何かまったくいっしょの感じなのです。別にちがうからどうのこうのということはないのです。だから動物と人間との連続性が非常に強い。西洋のほうはいま言いましたようにちがいます。

日本はちょうどその中間みたいな、非常に珍しいところにあるということを小澤さんは書いておられる。これは、私の考えでは、まず異類であることを認識してというのが西洋のやり方で、そしてそれとの結合を図る。ほかの東洋の国では、どうせ自然に行われているのだから、トナカイと結婚しようが、何と結婚しようが、別にかまわないというところでは、まだ結婚の問題を象徴的に見る目がないのではないか。日本は何かちょっとちがうという認識があるのだけれども、そこをもう一段変えるところまでいっていない。そして日本では、異類であることを認識して、次に結合ではなくてそれを拒否する、あるいは否定する。これは男性にとっても、女性にとっても両方言えるのですが、わかりやすいのでいま女性のほうだけに焦点を当てていきますが、つまり現在の皆さん、女性が自分の心の中にある男性的なものをどれだけ生きるか、それをどれだけ生かして受けいれるかという場合に、日本の文化はそういうことに気がつきながら、自分の心の中の男性的なものは瓢簞と針で殺してしまっているのではないか。ヨーロッパの場合はあえてそれを取り入れてやったのではないかと思うと、わかる気がするのです。そして次に面白いのは、まったく拒否したのではなくて、それは拒否したけれども、子ども、男の子は非常に大事にした。それは英雄になったという話があります。そうすると日本の文化は、そういう男性的なものをまったく拒否したのではない。大切にしてはいるのだけれども、どこを拒否したかというと、女と男というレベルにおける男性は拒否した。ところが、父と娘とか、母と息子というふうなタテに並んでいるほうの面では、男性性を受けいれるのではないか。こんなふうな言い方もできるのではないかと私は思うのです。

男性性、男性性と曖昧なことを言っておりますが、これを心理学的な言葉に換言しますと、たとえば、父親は母親とちがって非常に厳しい、あるいは強い、こういう面と、もう一つ男性の特徴は、少し抽象的になりますが、女性とちがって男は切るほうが得意です。女性はみんなを同じように包み込んでいく。男性的なものは、おまえとおれとはちがうとか、よいものと悪いものとはちがうとか、そういうふうにものごとをはっきり分けて考えていく。つまり、インディビデュアリティとか、はっきりものごとを分割するとか、分割したものを構築するとか、そういうふうな意味をもちます。このような意味の男性性が自然科学を生み出す要因の一つと思うのですが、日本人はそれをあまり身につけなかったのではないか。

しかし、他の東洋やアフリカの昔話と比較すると、既に言いましたように、まだしも男性的なものを受けいれるところがある。日本の文化の在り方と言ってもよろしいのですが、それはヨーロッパにどこかで近づいているところがありながら、またやはり東洋の国々とも近い。しかし、また東洋の国々とも、ヨーロッパの国ともちがうというふうなところが、こういう昔話の中にも反映されているのではないかと私は考えています。

男性性拒否の意味

最後に一言だけつけ加えておきますと、非常に興味深いのは、「蛇婿入り」の水乞型の類話にあるのですが、蛇を殺してしまった女性が歩いていると、殿様かなんかがやってきたりしてその殿様と結婚して、めでたしめでたしとなるのがあるのです。だから、私は結婚はほとんどないと言っていましたが、結婚する話も出てくるのです。

ただし、そのときの特徴は一回目は必ず夫である蛇を殺して、次に成功しているのです。だからこれは再婚することによって女性は幸福になるというテーマだと私は思うのです。結婚というものを考えてみると、はじめの結婚はだいたい相手は蛇で、その蛇をうまく殺したものが次に本当の結婚ができるのではないか。これは日本の話ですから蛇を殺してほかの人と結婚したというふうになっていますが、心理学的に考えれば、これは同一人物でもいいのです。つまり自分の相手の男性の正体を見きわめて、のちに、そこにひとつの変化が生じ本当の結婚ができる。このことは人生のこととして言いますと、本当の結婚は四十歳ぐらいになって完成するのではないか。それまでは蛇との結婚で、四十ぐらいになってから本当の結婚になる。そのときなるべく相手は同じほうが便利ですから、同じ人と離婚して再婚したほうがいいのではないかということになります。もう一つの考えとしては、男性性というのを非常に抽象的なレベルで考えると、ひょっとすると日本人は、男性性を拒否したあとでもういちど、またそれを身につけることを面白い形でやったのではないかとも考えられるのです。

7 猫、その深層世界——昔話のなかの猫

この世界には、実にいろいろな動物が生きている。われわれ人間はその「世界」の一部としての動物たちと、いろいろなかかわりをもちつつ、それらの動物についてそれなりのイメージをもっている。たとえば、狐について、われわれはその形態や習性などについてある程度のことを知っていると共に、狐は化けるとか化かすとか、あるいは、ずる賢いなどというイメージをもっている。狐の方からすれば、まさに人間の勝手としか言いようのないことだろうし、今時、狐が本当に人を化かすことなど信じている人も少ないだろうが、さりとて、そのようなイメージはなかなか消し難いのである。

われわれがここに取りあげる猫についても、同様のことが言えそうである。猫は極めて身近な家畜として、われわれはその実態をよく知っている一方で、猫に関するイメージとしては、どこか現実ばなれをしたものを多く抱いているのである。それは、われわれの「世界」を構成する要素として重要な役割を担っている。つまり、人間のもつ猫のイメージは、その世界観をどこかで反映するものとなっているのである。この世界が思

いの他に重層性をもつように、猫も重層的なイメージをもって人間の「世界」のなかに存在しているのである。

おそれおののくこと

猫は人間にとってまったく珍しくない動物である。エジプト時代より家畜として飼われていたようであるし、現在においても、猫を見たことのない人というのは、極めて稀であろう。（最近の子どものなかには、馬を見たことがない、というのが大分居るとのことだが。）よほどのことがない限り、猫を恐ろしいと言う人もないだろうし、われわれは猫の習性についても相当に知っているつもりである。しかし、そのことは必ずしも「猫を知っている」ことを意味するとはかぎらないようである。

次に、ある現代人の見た猫に関する夢を示すことにしよう。これは、アメリカにおけるユング派の分析家ホイットモントが報告したものである。(1) 夢を見た人は既婚の女性で、彼女は幻聴で自分の一人息子をナイフで刺し殺せ、と命令する「声」を聞き、恐ろしさのあまり分析治療を受けにきた人である。

彼女の夢は次のようであった。彼女は美術館のなかに居た。そこにあった石像の猫が生命を吹きかえし、彼女が何を探しているか尋ねた。彼女は古代の秘密を知りたいのだと答える。猫は彼女を地下室へと導き、そこで彼女は、たいまつをもった古代の人々に会う。彼らは彼女が彼らの仲間に本当に入りたいのかと尋ね、彼女は、はいと答える。そこで、彼女はそれに続くイニシエーションの儀式に自分を捧げることを誓う。

ホイットモントは、この婦人がこの夢を見たときに感じた、深いおそれの感情を重視している。石像の猫に導かれて、地下の世界で行われるイニシエーションに参加しようとするとき、彼女はそれがどのようなものであるかを知らない。彼女は何も知らないままに、おそれおののきつつ、それを信じようとする。このことこそ、われわれ現代人にもっとも不足していることではないか、とホイットモントは指摘するのである。

日常の世界において、猫がもちろん話をするはずはないし、石像が生命をもつこともない。おそらく、われわれは生きているうちに、そのようなことを体験することはなかろう。猫はものを言わないし、石像は自ら動きはしない。それは確かなことである。しかし、いったいそのように確信している自分、自分という存在はどれほど確かなものであろうか。われわれは自分自身について、どれほどのことを知っているのか。そもそも、われわれは、自分がどこから来てどこへ行くのかを知らないのである。このような不確かさの次元において世界を見るとき、今まで確実で明白と思っていたことも、そうでないことを思い知らされるのである。

美術館に陳列されていた猫は、エジプトの神バスト(Bast)の像でもあったのだろうか。エジプトの神バストは、猫の体や頭をもった、月の神である。おそらく、この夢を見た女性の心のなかで、ながらく「石化」されたままであった部分が、生命をふきかえし、彼女を心のより深い層へと導くことを成したのであろう。われわれ現代人は、この世のすべての現象を知りつくしているかのように錯覚し、何かをおそれることなどが極めて少なくなっている。そのときに、彼女はまったく思いもかけなかった「息子殺し」の可能性について知らされ、続いて石化した猫が自ら動き、問いかけてくることを経験したのである。彼女がおそれおののいたのも当然であるし、そのことこそがわれわれ現代人にとって必要なことではなかろうか。

このような目で猫を見るとき、それは「おそるべきもの」として、人間の前に顕現してくる。その様相は人間の生み出す多くの文学・芸術作品のなかに描き出されているが、ここでは主として、昔話のなかに示される猫の像を取りあげることによって、明らかにしてゆくことにしたい。昔話はものごとの深層に存在するものを把握し、記銘し続けてきた民衆の知恵による記録なのである。

深層の露呈

わが国には猫に関する伝説や昔話が多い。そのなかで、まず「猫の踊」(『日本昔話大成』(2)二五五)を取りあげよう。爺さん婆さんが猫を飼っている。爺さんが外出し婆さんが留守をしているときに、猫が踊っている(歌を歌う)のを発見する。猫は婆さんにこのことを誰にも言うなと口止めする。爺さんが帰ってきたとき、婆さんが猫のことを話すや否や、猫は婆さんに食いつき殺してしまう。この昔話は、最初に猫が歌ったり踊ったりしているところを婆さんに見つけられて、何だかユーモラスな感じを抱かせるが、結末はあっけなく、また凄まじいものである。秘密を口外した婆さんは、あっと言う間に食い殺されてしまうのである。

現実は時にその深層を露呈する。しかし、それを知ったものはその秘密を抱きつづける強さをもたねばならない。それに耐えられないとき、踊る存在は殺人者に一変する。それは同一の存在なのである。それにしても、猫というイメージは、この両面をそなえたものとして、ふさわしいものではなかろうか。

人間の心の深層にひそむ、おどろおどろしいものの顕現として、猫が登場するわが国の昔話としては、「猫と釜蓋」(『大成』二五三AB)、「猫と南瓜」(同二五四)などをあげることができる。前者では、猫が狩人をそれとなく見ていて、弾(あるいは矢)をいくつ作るか数えているところが、不気味である。後者では、殺された猫の死体から南瓜ができて、それが毒をもつ話である。どちらも、人間の知恵が猫のそれを上まわって害を未然に防ぐ話となっているが、いずれにしろ、猫のもつおそろしさをよく反映している物語である。うらみは死んでからも残るのである。

深層にひそむ存在を、人間は男性よりも女性に投影することが多いようである。先に示した物語にしても、どれも猫と女性の結びつきを暗示しているものが多い。紙数の都合でその点の考察は省略せざるを得ないが、興味のある方は前掲の昔話とその多くの類話について、この点を確かめて頂きたい。女性と猫の結びつきという点で言えば、女性についての秘儀として有名な、エリューシスの秘儀においても、女性の顕現として猫が用いられることがあるという事実も、うなずけるのである。猫はここでは母であり乙女であるのだ。

今までにあげた昔話が、どちらかと言えば女性の否定的な面を描いているとすると、昔話のなかに、猫が女性の肯定的な面を描いているものも、あってよさそうに思われる。実際そのような昔話も数多く存在しているが、その典型例と思われるものは、むしろ、西洋の方に多いので、ここにグリムの昔話のなかの「かわいそうな粉屋の若いものと小猫」を取りあげることにしよう。

この昔話の冒頭は年老いた粉屋の爺さんと三人の若い衆が登場し、グリムの昔話によく現われる、女性を欠いた四人の男性の布置を示している。三人の若い衆は爺さんの言いつけで馬を探しに出かけるのだが、年上の二人に出し抜かれてしまった一番年下の間抜けのハンスは、三毛猫に出合う。ハンスはそこで三毛猫に言われて七年の間、下男奉公をする。話の詳細は略すが、結局はこの三毛猫が美しいお姫様となり、ハンスは彼女と結婚して、話はめでたく終わるのである。

この物語に出てくる愛らしい小猫と、前述した日本の昔話に出てくる不気味な猫を比べると、極めて対照的に感じられる。この小猫はやはり女性像を示しているが、フォン・バイトの指摘を待つまでもなく、(3)これはユングの言うアニマ像である。フォン・バイトが述べているように、西洋の昔話においても、猫はグレートマザーの顕現として語られることが多いのだが、一方では、このような魅力に富んだアニマ像としても顕現する。それは心の深層にあって、おどろおどろした世界よりも、より霊的《スピリチュアル》な世界へと、われわれを導いてくれるものである。

アニマ像を示す猫の昔話は、むしろ西洋の方に多いと述べたが、日本の昔話には、「猫女房」(『大成』一一七)というのがある。猫が最後は人間に変身し、幸福な結婚が生じるという、わが国の話としては極めて特異なものである。(4)ただ、この話は類話が非常に少なく、果たしてわが国に古来から伝わってきた話かどうか疑わしいほどのもので、その点については今後の詳細な研究が望まれる。

トリックスター

猫は女性像のみを示すものではない。日本の昔話「猫檀家」(『大成』二三〇)では、主人公の猫の性別が明らかではない。多分、雄猫であろうと思うが、この際、その性別はあまり大切ではない。「猫檀家」の昔話は、福田晃の丹念な調査によって、多くの類話が見出されているので、(5)細部にわたって考察すると興味深いが、ここでは残念ながらエッセンスのみにとどめておかねばならない。「猫檀家」は類話によってパターンが少し異なるが、ここで取りあげるのは、貧乏寺の和尚に飼われていた猫が報恩を約し、長者の娘が死んだとき、その棺桶を吊り上げて皆を驚かし、他の僧がお経を唱えても何の効果もなかったのに、例の和尚がお経を唱えると棺が降りてきて、その後その寺には檀家が増えた、という話である。この猫は虎猫で、和尚の唱えるお経の文句に「トラヤーヤー」とか「トラヤトラヤ」とかいうところがあって、何ともユーモラスなのである。

この猫がどんな仕掛け、あるいは、呪術を使って棺を吊り上げたのか、物語のなかには明らかにされていないが、何らかのトリックを使って、昔の飼主に報恩したのは事実である。このことによって、貧乏な和尚が裕福になるし、同時に、「トラヤーヤー」のお経の句に示されるように、お経というものが有難そうでありながら、有難くもないことを示し、明白な価値の顚倒を引き起こしている。このように見ると、この虎猫はトリックスターであることは明らかで、前節に述べた猫とはまたその機能を異にするものである。神出鬼没の活躍とトリックで、思いがけない事件を引き起こし、日常的な世界の秩序に衝撃を与えるものである。

トリックスターとしての猫の典型としては、ペローの「長靴をはいた猫」をあげることができる。これはグリムの昔話にも収録されており、わが国においてもよく知られている話である。ここでは考察を省略するが、トリックにつぐトリックによって大活躍をする、長靴をはいた猫は、まさにトリックスターの典型と言っていいだろう。この猫は明らかに雄猫である。一般にトリックスターは男性であるが、わが国の場合は、そもそもあまり性別にこだわらないので、推察するより仕方がない。

日本の昔話「猫と鼠」(『大成』六)は、それとほとんど同じ話が、グリムにも「猫とねずみとお友だち」として収録されている点で注目すべきものである。この話が果たして独立発生的に存在したものか、伝播によるものかは興味のある問題であるが、それはこの際不問にして、その内容の方を見てみよう。これは、猫と鼠が仲間になって、大切に隠していた食物を、猫が鼠に断らずに少しずつ食べてしまう。それを知った鼠が猫に抗議をすると、猫は鼠をペロリと食べてしまった、という話である。

何ともあっけない話であるし、悪いことをしている猫はどんな罰を受けるのだろうと期待していた人にとっては、驚くべき結果と言わねばならない。そんなことがあっていいのだろうか、と言ってみても、ともかく猫は鼠を食べるし、鼠は猫を食べないのだから、仕方がないのである。このように当然のことを当然として語る昔話は、悪いものは罰せられるのが当然と考えている人に、強い衝撃を与えるものである。それに、考えてみると、猫が鼠を食って何が悪いのだろうか。それを悪いという人は、いったい何を食べて生きているのかを考えてみるとよいだろう。人間が牛や鶏に対してしている仕打ちは、この物語の猫が鼠にしていることよりも、もっと悪質ではないだろうか。

猫の深層について知ろうとすることは、人間について、その世界についての深層を知ることになる。単層的できまりきった様相を見せている日常世界が、一匹の猫の存在によって打ち破られ、思いがけない深層を露呈することは、計り知れないものがあると言わねばならない。

注

(1) Edward Whitmont, "Jungian Analysis Today", Psychology Today, Dec. 1972, pp. 63-72.

(2) 関敬吾他編『日本昔話大成』全一二巻、角川書店、一九七八―八〇年。以後は『大成』と略記する。番号は同書の分類番号を示す。

(3) Hedwig von Beit, "Symbolik des Märchens", Franke Verlag, 1952, pp. 355-357.

(4) 猫女房について、これが日本の昔話において極めて特異であることは、他の異類婚の昔話と比較して既に論じた。拙著『昔話と日本人の心』岩波書店、一九八二年、参照。

(5) 福田晃「『猫檀家』の伝承・伝播」『昔話の伝播』弘文堂、一九七六年、所収。

8　昔話の残酷性について

何が残酷なのか

昔話には洋の東西を問わず、そのなかに、いわゆる「残酷なシーン」が語られるものが多い。グリムの昔話を少し覗いてみるだけで、すぐに残酷な場面を探し出すことができる。たとえば「赤頭巾」では、赤頭巾ちゃんが狼に呑みこまれてしまうし、「手無し娘」では、父親が自分の娘の両腕を切ってしまう。「ヘンゼルとグレーテル」では、両親が飢えに困って子どもを棄てる。この際、母親は継母ということになっているが、もともとの話は実母だったのを、グリム兄弟が書き直したものなのである(この点については、拙著『昔話の深層』福音館書店を参照されたい)。

西洋に劣らず東洋の話も残酷に満ちている。「かちかち山」の狸は、お婆さんを殺すだけでなく、婆汁をつくってお爺さんに食べさせたりするのである。これはあまり残酷なので「かちかち山」の絵本などでは、この点はカットされることが多い。ところが、「かちかち山」の原話のなかには、爺さんが婆汁を喰ったというところで話がおしまいになり、兎による仇討など語られないのもある。つまり、話の力点は婆汁におかれているので、ここを省略してしまうと話は成立しないのである。「猿蟹合戦」にしても、蟹が猿に殺されたり、仇討をする子蟹は猿の首をチョン切ったり、随分と残酷な戦いが行われる。

こんなふうに例をあげてゆけば切りがないが、このような昔話の残酷性に疑問を感じる人は、子どもに与えるときに話をつくりかえることになる。そもそも、グリム兄弟が、「ヘンゼルとグレーテル」や「白雪姫」などの実母を継母に言いかえた事実があるが、わが国で市販されている絵本などをみると、あまりにも安易な言いかえがあって驚いてしまうのである。首をチョン切られるはずの猿は泣いてあやまって許され、「平和共存」という結末になることが多い。この「書きかえ」の問題については、後に論ずることにして、ここではまず「残酷」とはいったい何かについて考えてみることにしよう。安直な「平和」を念頭に粗雑な絵本をつくった人は、それを読まされ聞かされている子どもたちの魂が、退屈で窒息しそうになっているのを御存知だろうか。面白くもない読物を、「ためになる」からと読み聞かせる母親は、だまして婆汁を飲ませる狸とあまり変わらないことをやっているのではなかろうか。大人たちは知らず知らずのうちに、どれほど残酷なことを子どもたちに対してやっているかを自覚しなくてはならない。

昔話が心の深い層に生じる真実を語っていると考えてみると、昔話に語られる「残酷」なことは、むしろ日常茶飯事に生じていることが解るのである。娘が他の人々と交際するのを厳しく禁じている父親は、娘の「両手を切っている」と言えないだろうか。子どもを「喰いもの」にしている親など沢山いるし、「ガラスの棺」に閉じこめられている女の子も存在する。それに、子どもたちは成長してゆくためには、内面的には「母殺し」や「父殺し」をやり遂げる必要があるとさえ言えないものだろうか。このように考えると、大人は多くの「残酷」なことを日常的にやりながら、それについての話を禁止したり、言いかえたりしてみても、わが国の戦時中の検閲のように、いくら厳しくしても最後には、もっと馬鹿げた形で馬脚を現わしてしまうことになる、と思われるのである。

子どもたちは知っている

既に述べたようなことを、子どもたちは実のところ、よくよく知っているのである。しかし、ここに「知る」と述べたことに関しては、少し注釈しておかねばならない。大人が一般に「知る」と言うときは、どうしても知能のはたらきの関連が強すぎるのである。自分のもっている知識体系にそれをいかに組み込むか、いかに照合させるか、によって「知る」ことが生じる。狸というと、それは動物であること、猫ぐらいの大きさであること、山里に住んでいることなどという知識との照合の上で「知っている」と言う。

しかし、子どもたちは違っている。狸ということに対して、彼らは全人的に反応する。彼らは狸が単なる動物であって化けものでないことを知っているが、それと同時に、それはずるい奴であり、だます奴であること、それは山里のみではなく都会にも自分の心のなかにも住んでいることを、頭ではなく、何となく感じとっているのである。子どもたちの「知」は全人的である。それは生きた知である。

可愛い赤頭巾ちゃんの前に狼が正体を現わし、丸呑みにしてしまうとき、子どもたちは自分の経験に照らして、それを「よくあること」として体験しているのだ。「婆汁」なんてものが、多くの家庭でよく夕飯に出されていることを、彼らはちゃんと深い知恵として知っているのである。そして、もっと素晴らしいことに、それは外的現実としては起り得ないことも、ちゃんと知っているのだ。かちかち山の話を聞いて、お婆さんの味噌汁をつくろうとした子どもが、かつていただろうか。猿蟹合戦の話を聞いて、自分の同級生の首を鋏《はさみ》でちょん切ろうとした子どもがいただろうか。このような点に関しては、大人たちは、もっと安心して、子どもたちの知恵に信頼を置いていいのである。不安の強い大人ほど、子どもを信頼することができない。「子どもたちのために」残酷な話をマイルドな形に書きかえている大人たちは、内的真実に直面することによって生じる自分の不安を軽くするために、そうしていることに気づいていない人が多い。いくらごまかしてみても、子どもたちは知っているのだ。

残酷な話をしたからと言って、子どもが残酷にならないということは既に述べたが、それでは、残酷な話を一切しなかったら、子どもはどうなるであろうか。その反応として、まず考えられることは、子どもが自ら残酷な話をつくり出すということである。実はこれは極めて健康な反応なのだが、大人の方でこのような経験をもったことを覚えておられる人もあろう。親があまりにも「衛生無害」の話のみを与えるとき、子どもは残酷な話を空想したり、どこか他人のところで、そのような残酷な話を探し求めてきたりする。子どもたちの魂は限りない自由を欲している。

親があまりにも「衛生無害」の話のみを与え、子どもがそれに反発する力ももたず、人工的な「いい子」がつくりあげられるとき、その子は思春期頃になると、急激に反転現象を起こし、親に対して「残酷」な暴力をふるったりすることは、最近急増してきた家庭内暴力の事件によって、皆さんよく御承知のことと思う。子どもたちは「残酷」な話を聞きながら、それを内面的に知り、その意味を自分のものとしてゆくので、やたらと残酷なことをする必要がなくなるのである。残酷さに対して何らの免疫もない子が、残酷さの犠牲になるのである。

物語ることの意味

昔話のなかの残酷さを肯定することは、残酷さそのものを肯定しているのではない。

しかし、既に述べたことであるが、昔話のなかの残酷さが、子どもの残酷性を刺激することは、まったくないことだろうか。この点に関しては、やはり、物語ること、および、その語り手の重要性を指摘しておかねばならない。外的真実は書物によっても伝えやすいが、内的真実は人から人へと、あるいは、人の魂から魂へと直接に語りかける方が伝わりやすいものである。従って、昔話は「物語」られるときにこそ、最大限の効果を発揮し、語り手が既に述べたような残酷性の意味を明確に知っているときは、いくら残酷な話をしても問題はないというべきである。ここでも「知る」ということは全人的な意味で言っているが。

昔話が人から人へと物語られるとき、それは内的真実を伝えるものとなる。子どもたちはその話のなかの残酷さや怖さに、キャーと叫んだりしながらも、そこに存在する人間関係を土台として、その体験を消化し自分のものとしてゆくのである。それでは、昔話が書物になっている場合はどうであろうか。昔話は本来語られるものであって、読まれるものではない。しかし、子どもがそれまでに自分の存在を支えるよき人間関係を獲得しているとき、子どもたちは自分で読みながら、「語りかける声を聞く」体験をしているものと思われる。昔話というものが長い年月を経て出来あがったものだけに、極めて普遍性の高いものであり、どこかで心の深みと響き合う性質をもっているからである。しかし、このような人間関係の基盤の弱い子が、昔話を読むときは、強い不安に襲われたりして悪影響を受けることも考えられる。

書物でも少し難しいのに、これが絵本やテレビとなると極めて難しいこととなる。それは、子どもが話を聞いて、自己の内的現実としてのイメージをつくりあげる前に、外から映像を与えてしまうからである。それは、ひとつの外的現実として与えられてしまうことになる。したがって、昔話の絵本を作るためには、相当な配慮と技術が必要となってくる。おきまりのイメージを子どもにおしつけるのではなく、子どもの持つイメージを、より豊かなものへと広げてゆくような絵本が望まれるのだ。果たして、昔話の絵本を作る人に、それだけの自覚を持つ人がどれだけあるだろうか。

テレビはテレビ向きの素材をいくらでも持っているし、新しい時代にふさわしい物語はいくらでもつくれるであろう。昔話など映像化する必要など何もないし、子どもたちがせっかくつくりあげる個性的な世界を壊してしまうだけになろう。テレビで昔話の残酷なシーンなど見せても害があるだけだと思われる。それにしても、昔話のなかの残酷さを真に意味あることとして、子どもに「語りかける」ことのできる語り手は、現在どのくらいいるのだろうか。

9 夢と昔話

一 夢

はじめに筆者は昔話研究の専門家でないことを、まず断っておかねばならない。筆者は心理療法を専門とするものであるが、スイスの精神医学者C・G・ユングの学派に属する分析家として治療を行っている。この際、われわれは人間の無意識的な心的過程を知るひとつの方法として、夢分析の技法を用いている。患者の報告する夢を分析することによって、その内界を知ろうとするわけであるが、その際に、夢に生じてくる多くの主題と古来から存在する昔話のそれとの高い類似性に注目せざるを得ないのである。このことはむしろ夢と昔話という限定をすべきではなく、個人の無意識的な心理活動の反映とわれわれが見なしている、夢、白日夢、空想、それに幻視や妄想などと、一方、個人を超えて集団の所有となっている神話、伝説、昔話などの類似性というべきであり、その点に人間の問題を解いてゆくひとつの鍵が存在すると考えるのである。

抽象的な論議をする前に、ひとつの例をあげるのが話の展開を容易にすると思うので、筆者の分析例を次に示すことにしよう。夢を見た人はヨーロッパ人で、ある二十歳代の若い独身の女性である。治療をするにあたって夢を書いて持ってくるように告げると、彼女は夢に関心がないどころか、あまり見たことがない——このように言う人は非常に多い——と述べるが、ともかく夢を見たら書いてくるようにと念をおしておく。ところで、彼女は次のような夢を見て、自分ながら全く驚いてしまうのである。

夢　「最初の部分ははっきりとしなかった。私のボーイフレンドが誰かと協約をかわそうとしているというふうなことであった。私はその相手が魔法使いたちであることに気づいたので、彼にその協約をしないように言い、協約書を彼らに返すために会いに行った。私たちは町のなかの市場のようなところで会い、彼らのなかのひとりに協約書を手渡した。すると、その魔法使いがその書類に一種の白い粉のようなものをふりかけ出した。彼があざ笑うように私の方を見ているときに、私は突然彼が何か私をだまそうとしているのに気がついた。私は恐ろしくなって、ボーイフレンドといっしょに逃げ出そうとしたが、彼はどこにも見つからなかった。私は彼の身の上に何かが既に起ったのではないかと思ったので、びくびくしながら彼を探し始めた。そのうちに、魔法使いたちや周囲の人が立ち去り出した。魔法使いたちはまったくその外見を変えてしまったので、私はいったい誰が魔法使いで誰が普通の人か見分けられなくなってしまった。私は三人の人を追いかけ、追いついて彼らの顔を覗きこんだ。その人達はまったく無表情にちらっと私を見たが、私はそれが誰か解らなかった。そこで、私は白い粉をふりかけた男が返した協約書を見てみたが、内容はまったく変っていた。それはタイプライターで打った二枚の紙で、数個のパラグラフから成り立っていた。私は読み始めた。私はボーイフレンドをたずね、探し出さねばならぬことになっていた。その紙に何が書いてあったか正確には思い出せないが、それは私がボーイフレンドを探し出す上で、してはならないいろいろなことを禁止していた。その中で私の受けるべきひとつの罰を思い出すことができるが、それは大きい黒犬が私を追いかけて来て足に噛みついて引っぱるというのであった。その罰の絵がそこには描かれていて、大きい黒犬が逃げ出そうとしている人の足に噛みついている絵があった。私は道を歩きながら、読みつづけた。私は自分の足を失うことなくボーイフレンドを救い出す方法があるはずであり、それこそは私が見出さねばならぬことだと考えていると、突然、一人の男が自分もその書類を読みたいと言った。私はこれは秘密のことだからと断った。彼は固執した。私は注意深く彼の顔を見た。彼は青い目をしていて、赤みがかった顔で、陰気な表情をしていた。私は彼が悪魔であることに気づき、彼がボーイフレンドを見つけるのを助けてくれるかも知れないと思った。私は、彼がこのような「魔力」――私は紙の上を指し示した――を私に対して使うのではなく、魔法使いたちに向かって使用し、自分を援助してくれると約束するならば、その協約書を読んでもいいと彼に言った。そのように言いながら、彼が「虚言の父親」

として、約束したことを守るなどとは保証されないのだから、彼と取り引きをすることなど賢明ではないだろうと思った。しかし、彼こそは私を助けてくれる唯一の人間であると思われたので、私はトライをしようと決心し、私の申込みを繰り返した。私が彼と話している間に彼の大きさが変化し続け、あるときは——話の始まりの頃は——彼は私よりずっと小さく、私は彼を見下ろさねばならず、その次には、彼は私よりずっと高くなったので、彼の顔を見るために見上げねばならなかった。すると、彼はまた小さくなり始め、そんなことが繰り返されているうちに、目覚まし時計が鳴って目が覚めてしまった。」

少し長い夢の全文を省略することなく示したが、この夢のもつ「昔話」的な特徴は一見して誰にとっても明らかであろう。これは夢を見た本人にとっても同様のことであったが、このような夢を見たことに対する本人の驚きは大きかった。彼女は現実的な人であったので、昔話のような「荒唐無稽」なことにおよそ関心をもっていなかったからである。ところで、この夢から昔話によく出てくる主題をひろいあげるならば、主なものだけでも相当数を指摘できる。まず「協約」とか約束とかは昔話のお得意の主題であり、それもこの夢と同様に、相手の素生を知らずに約束を結んだために後で困惑するというのが多い。彼らが出会った「市場」という空間は、多種多様の人たちの「出会う」空間として極めて象徴性の高い場所である。そこで、われわれは多くの人に会い、それが魔法使いか普通の人か見分けもせずにすごしているが、その「見分け」をすることも昔話によくある主題である。恋人を失ってそれを探し求めること、それに伴うあがないの主題は、このことのために全世界にどれほどの昔話があるか計り知れぬものがあろう。彼女が魔法使いを探し求める間にちらっと出現する「三人の人」というのも、追求すれば際限のないほどの話題を提供するであろう。こころみにグリム童話を一見してみても、そこに、三人というタイトルが多くあるのを見出すことであろう。恋人を助けるために現われてくる悪魔。それに賭けるか賭けないかという迷いと決意。そして、最後になって、相手の大きさが自在に変化するという主題も現われる。ただ残念なことに、昔話と違って、この「お話」は目覚まし時計というものによって中断させられる。

ここでは夢の解釈が問題ではないので、この夢によって、夢と昔話の類似性をまず実感して貰ったことで満足し、このような夢がいかにして成立するのかを、昔話の問題と関連せしめつつ論じてみることにしよう。

二　補償機能

ここにひとつの例を示したが、このような昔話的な要素が強く劇的なものは数が少ないことを断っておかねばならない。これはユングの言う「初回夢」に相当するもので、(1)初回夢のときには、多くの人が劇的な夢を見、そこには昔話的な主題がよく出現する。

この点は後で触れるとして、日常的な夢の典型的なものを示すと、次のようなのがある。ある中学生の夢で「うっかり朝寝坊して九時まで起きなかった。学校におくれたとあわてて食堂に行くと、母親がにっこりと笑って「まあよく眠ってたわね。眠ることは健康にいいよ」という」。ここで彼は母親の反応が普通のときとまったく逆にまるで朝寝坊を奨励しているかのように見えるので驚いてしまう。このような夢であれば一般の人も見ることが多く、自分のこととして納得されるであろう。

人間の行う行為なり、それを取り巻く事象なりは本来極めて多義的である。朝寝坊ということにしろ、それは遅刻ということを引き起す悪事としても見られるが、「健康にいい」といった見方も可能かも知れぬ。それに何よりもこの少年の感情は朝寝坊を肯定したがっている。にもかかわらず、人間が社会生活をいとなむ上で、われわれは何らかの統一された規範を必要とし、ある面を切りすてることによってそれを守り抜こうとしている。ここで、もしこの中学生の意識が完全にこの規範を取り入れているとき、少なくとも彼の意識内においては問題を生じない。しかしながら、彼の意識しない心の働きとして、それを補償する傾向が生じる。すなわち、一人の人間の心のうちに意識・無意識を含めて、より全体的な統合を志向する働きが生じるのである。このとき、無意識の心の動きが睡眠中に意識の統制の弱まったときに、意識化されたものの断片が夢であると考えられる。

一人の中学生の夢として生じた、彼の意識を補償する働きは、他の中学生にも通じるものがある。それは他の中学生も彼とよく似た意識の状態にあるからである。そこで、彼が自分の夢を同級生に語るとき、多くの同級生はそれに興味を抱くであろう。「朝寝坊を奨励するお母さん」のイメージが、少年達の心をなごませる。このとき、この「お話」は伝説に一歩近づいている。すなわち、A君の母親は……という固有名詞と結びつき、中学生たちの忘れ難いお話になってゆく。朝寝坊という簡単なことが、どれほど人の心を打つかは、次の「マザー・グースの歌」に反映されている。(2)

エルシー・マーリィ　いいみぶん
ぶたにえさなど　やりませぬ
八じ九じまで　あさねぼう
のらくらエルシー・マーリィ

ただこれだけのうたが、二百年という年数をこえて多数の人に歌いつづけられてきたという事実は何を意味するだろう。人々は実際には毎日朝早く起きて働きつつ、このうたを、心のどこかに訴えかけてくるものとして感じつつ、愛好するのである。ここにうたいこめられているエルシー・マーリィがどんな人であろうなどとは、一般の人は考えても見ない。エルシー・マーリィは、もはや時代や場所によって規定し得る人物としてではなく、すべての人の心の内に存在するひとつの傾向性を代表するものとなってくる。人間の心のうちに定位されるものは、時間・空間の制約を超えている。とすると、「昔々、あるところに」という昔話に共通の話し方は、そのようなことを表現するのにもっとも当を得ていると言わざるを得ない。このように考えると、朝寝坊などということ以上の「怠けもの」の話が、昔話に多く存在することもうなずけるのである。そして、それは怠け者の面白さだけではなく、怠け者が成功する話にまで発展する。昔話における怠け者の意味については他に論じたので、[3]省略するが、このような話は昔話のもつ補償機能を十分に示していると考えられる。

　夢が個人の意識を補償する機能をもつように、昔話は集団としての人間がもつ文化や規範を補償する機能をもつ。このような観点からすると、昔話がそれが作られる時代や、その文化と深い関連をもつことも当然のことと考えられる。たとえば、日本の昔話に「貧乏神」というのがある。[4]この話のなかで、殿さまが下へ下へと言ってお通りになるので、その駕籠のなかをめがけて、おうこ(天秤棒)でなぐりこめ、そうすると金持になれるというところがある。実際に殿さまを思い切ってなぐると駕籠のなかから小判がでてくるという話である。この話を筆者がスイスのユング研究所で報告したとき、昔話の研究家であるフォン・フランツ女史は、そのような類の昔話はスイスでは見出すことができないと述べた。領主に対して反抗することや、民主的な運動などはスイスのむしろ表通りの話として存在するので、そのような補償を昔話によってする必要がないというのである。このような観点から昔話をみることも興味深いことと思われる。しかしながら、ここに注意すべきことは、補償機能ということを、あまりにも機械的に考えないことである。すなわち、あるひとつの傾向がある文化の表通りに存在するならば、その逆のものが必ず昔話にあるはずといった単純な見方をしてはならない。というのは、そのような逆の傾向が存在するにしろ、それを如何に取りあげるかは、やはりその表通りの文化の制約を何らかの形で受けるはずだからである。夢にしても、それはあくまで「意識されたもの」であり、意識の存在をあまりにも脅かすものは記憶することさえ、なかなか難しいことである。

従って昔話は、それが出来あがる時代や文化の制約を受けつつ、なおそれに対する補償性をもって存在するわけである。このため、同じ物語が時代の変遷に伴って少しずつその内容に変化を受けたり、同一の主題の話でも文化の異なる国では、その展開の仕方に差が生じたりする。このような点を研究することも興味深いことであるが、また一方では、そのような変化を受けつつも、昔話が長い生命力をもって生きつづけている事実に対して、どのように考えるかという問題が生じてくる。

三　普遍的無意識

先に例として述べた中学生の夢の中に朝寝坊を奨励する母親の像が見られた。それに対して朝寝坊の「マザー・グースの歌」を紹介したように、このようなイメージは時代や文化を超えて相当な普遍性をもっている。

はじめにあげた夢の例の場合にも、恋人を見失って、それを見出し救出するために苦労するという主題は非常に普遍性が高いと述べた。ユングは多くの人の幻視、妄想、夢などを研究しているうちに、それらの主題が神話、伝説、昔話などのそれと余りにも共通することが多いのに気づき、結局、人間の無意識の深層には人類に共通な普遍的無意識が存在すると仮定するようになった。もちろん、ここで問題を逆に考えて、多くの人は子供の頃に昔話をよく聞くので、それを夢に見るのではないかという疑問が生じるのも当然である。そして、ある人が夢を見たとき、その人がそれに関連した昔話を聞いたことがないと立証することはほとんど不可能である。この点については詳論することができないが、ユングは注意深く、先行経験を否定できる例を示して反論を試みている(5)。

はじめの夢の例について考えてみよう。この夢を見た女性は実際は、このボーイフレンドと同棲していたのである。彼女は結婚などという拘束を受けることはする気がなく、好きな男性があれば同棲し、愛がさめた場合は別れるのが一番いいと考え、それを実行していた。理論的に考える場合、そのことはそれ自体としては何も問題はない。しかし、彼女の無意識はこのような夢というメッセージを送ってきたのである。すなわち、彼女はボーイフレンドを見失っており、それを救出するためには相当な危険を犯してでも、力をつくさねばならない。その危険は彼女の足を黒犬に嚙み切られることや、悪魔との契約の可能性なども含まれている。これ程の犠牲を払ってまで彼女が救出しようとする恋人のイメージは彼女の心のなかの何を表わしているのであろうか。現実的には彼女の恋人は別に何の危険にもさらされていないし、たとえ別れることになっても、さっぱり別れるといいと彼女は思っているのである。

人間にとって異性とは、自分と異なるものでありながら、それと合一したいという強い欲望が感じられ、その合一によってこそ新しいものが生まれ、種族が保存されるというものである。永遠に不可解でなおかつ抗し難い魅力を感じさせるものとしての異性の像は、古来から人間の魂と呼ばれているものを表わすものとして最も適切であったとユングは言う。対立物の合一という主題は人間にとっての永遠の課題である。ところで、この夢を見た彼女の自我、すなわち彼女が意識し知るかぎりにおいての彼女自身は、既に述べたように男女関係について、いわゆる割り切った考え方をもち、それについて疑問を抱いてはいない。これに対して、彼女の無意識の方は、彼女はその恋人を既に見失ってしまっていることを告げている。つまり、現実のボーイフレンドではなく、彼女の心のなかの彼を、彼女の魂の像としてみるとき、夢は彼女が自分の魂を見失った危険な状態にあると告げているのである。ここで、魂という表現になじめない人に対しては、彼女の自我はその心の深層との接触を失っているという言い方をしてもいい。しかし、これは何を意味するのか。

われわれは、安心して生きてゆくためには、自分自身という存在を何らかの意味で確認しておくことが必要である。自分の存在を確かめるため、われわれはまず外界とのかかわりを考える。どこに生まれたか、今どこに居るか、次にどこへ行くかなどなど、外界との関係で時間・空間というものによって自分を定位して安心する。しかし、実のところ、われわれは自分の内界に対しても定位されねばならない。われわれがいったいどこから来てどこへ行くのかというのは永遠の問いであり、これに対して、われわれは母親の胎内から生まれ、墓場にゆくという答えだけでは満足できない。これに対する答えは、すなわち自分というものを自分の内界に対して定位することであり、そこにおいては時間・空間という物差しは使用できないのである。近代人はあまりにも外的な文化の発達に心を奪われてしまったため、後者のような存在の確かめがおろそかになっている。つまり、その自我は魂と切れた存在となっているのであり、そのことをこそ、彼女の夢は指摘しているものと考えられる。彼女は近代合理主義と協約を結んで生活してきたのであるが、夢は、合理主義というものこそ魔法使いではないかと皮肉を言っているような気がする。

先に、内界と外界を一応分離して述べたが、実はこの両者は計り知れない結びつきをもっている。故郷の家の庭に大きい松の木が生えていたが、ある日帰郷するとそれが切られているのを知ったとすると、その人は何らかのショックを受けるはずである。庭にある松の木は、その人の存在の確かめのためにひとつの役割を荷っていたのである。あるいは、恋人のほほえみは、それを見る人の内界にも大きい動きをもたらす。ところで、ここで恋人のほほえみについてそれを他人に伝えるということを考える場合、どんな方法があるだろうか。まったく外的に記述することを考えるならば、彼女のほほえみによって生じる顔の筋肉の弛緩度を測定したり、目じりに生じるしわを数えることもできるであろう。ところで、外的のみならず、そのほほえみを見た人の内的な経験もそこに折り込んで表現するとするならば、われわれはそれを記述するのではなく「物語る」ことをしなければならなくなる。「物語り」とは、それを語る人間の内的真実の方に重みづけがなされた伝達法である。われわれは恋人の接吻が何分間続いたのか、圧力がどのくらいであるかという記述よりは、ひとつの接吻によって百年の間眠っていたものがすべて目覚めるという物語りの方に、より真実が語られていると感じる。ただここで残念に思うのは、物語りというものは本来それを語る語り手を抜きにしては考えられないものであったろうということである。語り手の全人格がこめられてこそ、そこに内的な生命力も直接に感じられたことであろうが、現在では活字を読むことによって「物語り」を知る機会の方がはるかに多いのであるから、昔話の心が伝わりにくいのも当然のことかも知れない。

内的な真実を物語るものとしての話は、あるときある人の自我を自分の内界に対して定位することに役立つ。そして、その話がその人の内界の深層と関係するものであればあるほど、それは他人に対しても普遍性をもってくる。普遍性をもったものほど時間・空間を超えた存在意義をもつ。かくて、その話は「昔々あるところに……」という時間・空間による定位を拒否した表現形式にすっぽりとはまりこみ、時代の波にもまれても消え去ることなく存在しつづけるのではないだろうか。それは、単に意識に対する補償などということを超えて、われわれ人間の自我がより深い普遍的無意識というものに根づいて、いかにその存在を確かめ得るかという体験を物語るものなのである。

四　夢と昔話

今まで述べてきた点から、夢と昔話の類似性の高さが示されたと思うが、これに対して非常によくある反論として、「自分はそんな夢を見たことがない」ということが言われるので、その点について少し言及しておきたい。ユングが人間のタイプとして内向と外向とを分類したように、「内的な真実」などという言葉さえ頭から否定したいような外向的な人も存在することは事実であり、やはり夢に対して心の開かれている人と開かれていない人があることは仕方のないことである。しかし、この点は仕方がないとしても、一般に夢というものは覚えにくいものであることを指摘しておかねばならない。そもそもそれは何らかの意味でその人の自我とは相容れぬ性質をもっているのだから当然のことである。そのとき、そこに分析家という一個の人格が存在し、無意識の世界の探索を共に行おうと決意することによって事態が変るのである。そのような決意によって、多くの場合、その人のそれまでの過去に無意識内に積みあげられてあったことが、その時の状態に照らしてひとつのまとまった内容として意識化されると共に、将来の展望をさえ含んだものとして、劇的な夢として生じてくる。それが既に述べた初回夢である。

しかし、このような夢は数が少なく、大体は日常生活と関連した断片的な夢をみるわけである。ユングは非近代社会の人がしばしば大きい夢と小さい夢とを区別していることを指摘している。大きい夢とは普遍的無意識に根ざした内容をもつものであり、それは夢を見た人にとって表現し難い深い感情体験を伴うことによって区別することができる。しかし、小さい夢でも注意深く観察すれば、その底に普遍的なイメージが存在していることに気づくこともある。たとえば、朝寝坊を奨励する母親の夢にしろ、これを「息子の目覚めを欲しない母」「人間を永遠の眠りに誘う母」というふうに言いかえてみると、その普遍性は相当なひろがりをもってくるはずである。

夢の機能として、自我の存在の確かめということを述べたが、このような点から言えば、むしろそれは神話の方に類似性が高いと思われる。神話はひとつの国家や民族がその統一体としての存在を確かめるために役立つ。神話は普遍的無意識に根ざす内容を含んでいるが、一国家や民族の同一性の確立という目的のため相当な意識的な彫琢を加えられたものである。従ってその国家や文化が衰微するとき、本来の目的を失ってそれは解体されるが、普遍性をもった断片が昔話となって残るということは起り得るであろう。あるいは逆に普遍的無意識に根ざしたひとつの昔話が、あるときに、ある文化なり国家なりの興隆と結びついて神話として装いを与えられることも考えられる。その点、伝説はある場所やある人物などと結びついて、外的現実との見かけのきずなを切れないままで、機能としては、やはり昔話や神話などと同様のはたらきをなしている。それは、国や文化などというのではなく、もっとローカルなひとつの豪族の存在の確立に関係したり、ときには一本の木やひとつの石の存在に関係して語られたりする。しかし、このような木や石も何らかの意味で、ある集団としての人間の存在の確立と関連し合っていることは既に述べてきたとおりである。

フォン・フランツが例証しているように(6)、ある個人の夢の体験がある民族の祭礼へと発展したり、伝説が昔話に、あるいは昔話が伝説にと移行することは、これらの素材の人類一般に対する普遍性からみて、むしろ当然のことであろう。この間には話の伝播の問題も生じてくるが、以上の論議から考えて、類似の話を見出したときに、それは必ずしも伝播によるものとは断定できないことも理解されるであろう。特に昔話は神話や伝説と異なり外界との関連がうすいので、より普遍性が強くなると考えられる。このような点から、特に昔話を普遍的無意識の働きの反映として、われわれは見てゆこうとするのであるが、このことは昔話に対する他の側面からの研究と何ら相容れぬものではないと思われる。たとえば昔話のひとつの内容なり主題なり外的な事実と関連させて研究することと、われわれのようにその内的な意味を考えようとすることは、相補う関係にはあっても相反するものではないと思われるからである。

むしろ、われわれの研究法における大きい問題は、語り手や聞き手の内的真実ということを取りあげつつ、それを如何にして「学問」にし得るかということにあるようである。昔話について、その成立年代について考証したり、類話を探し求めたり、伝播経路を探ったりする研究は、何らかの外的事実と結びついている。近代の学問というものが客観的な事実を基礎として論理実証主義という衣をまとって、その形態をととのえることに意義を見出しているとき、外的事実と結びつかぬことは「学問」として成立せしめることが難しいのである。さりとて、客観的事実のみを追い求める方法では、昔話の折角の「物語り性」を殺してしまうことになってしまう。ここに昔話研究のジレンマが存在する。「研究」としては、あくまで外的事実を重視する論理実証主義の線を守りつつ、心秘かにそこに感じられる物語りとしての真実を楽しむ方法をとるのか、物語りの内的真実の方を中心として「研究」しようとし、研究者としての道を踏みはずす危険におちこんでゆくのか。最初にあげた夢のなかで、主人公の女性が魔法使いから恋人を取り返すために、悪魔の助けを借りようとするところがある。この悪魔はあるいは分析家を意味しているのではないかと思われる。外的事実を大切にし合理的に生きてきたこの女性にとって、夢を大切にしようとする人間、分析家などは悪魔に等しく、まさに「虚言の父親」と思えるのかも知れない。近代合理主義が魔法使いなら、分析家は悪魔なのである。そして、この悪魔の姿が大小に変化して定まらぬことは、彼女にとっていかにその実態が明確に把握できぬものであるかを如実に示している。「時間・空間を超えて心の中に定位する」などという表現を既に用いたが、いったい、時間・空間という尺度を用いずに何かを定位する、大きさを確認することが出来るのであろうか。彼女の夢の最後の部分はそのような迷いを見事に反映し、しかもそれに対する解答は与えられないままで夢は中断される。この問題は昔話を心の問題と関連して「研究」しようとするものにとっての非常に大きい問題であろうと思うが、筆者もこのような大きいジレンマの存在を指摘するだけで、この問題を未解決のままで稿を終ろうと思う。

注

（1）　初回夢の重要性については、C. G. Jung, "The Practical Use of Dream-Analysis", in The Collected Works of C. G. Jung, vol. 16, Pantheon Books, 1958. 参照。

（2）　谷川俊太郎訳『マザー・グースのうた』全六巻、草思社、一九七五―七七年。

（3）　拙稿「怠けと創造(昔話の深層4)」『子どもの館』一九七五年一〇月号、福音館書店。

（4）　関敬吾編『一寸法師・さるかに合戦・浦島太郎――日本の昔ばなし(Ⅲ)――』岩波文庫、一九五七年。

（5）　たとえば、C. G. Jung, "The Structure of the Psyche", in The Collected Works of C. G. Jung, vol. 8 Pantheon Books, 1960 を参照。

（6）　M. -L. von Franz, "An Introduction to the Psychology of Fairy Tales", Spring Publications, 1970.

10　境界体験を物語る——村上春樹『海辺のカフカ』を読む

今日は、最近出版された村上春樹さんの『海辺のカフカ』を素材にして話をしたいと思います。これはすごくイメージに満ちた作品です。まず題が面白い。海辺というと、海と陸の境目ですから、ま、我々がすぐ思い浮かべるのは、「境界」ですね。海と陸との境界。それに、「カフカ」というのも、漢字で書くと「可・不可」ですね。可と不可の境界でもあると。ま、これは冗談半分ですが、この本は実際いろんな境目が出てきます。まず生と死の境目ですね。善と悪、それから我々心理学をやっている者としては意識・無意識を考えますし、大人と子ども、神と人、物と心、男と女というのもあります。そうした二つの世界の境目というものが、すごくうまく書いてあるんじゃないかと思います。

この作品を生み出すためには、作者は自らの身を境界領域に置き、いずれかの世界に偏することなく立ち続けるという困難な仕事をしなくてはなりません。それを可能にするためには、相当な意志力と体力を必要とするのみではなく、ユーモアの感覚を必要とします。作中に生じる何とも言えぬユーモラスな感じが、それを示しています。

これは偉大な物語小説だと私は思います。物語と近代小説を区別する人があって、大体今のひとは小説のほうが好きで、物語みたいな子どもっぽいものはどうも、という人が多いんですが、私は現代の小説というのは、あんまり面白いことないですね。物語のほうが好きです。物語というのは、まさに「物」の「語り」です。物について語っているともいえるし、物が語っているという言い方もできると思うんです。普通、心と物とをわけるのですが、日本では物と心はあまり区別されていないですね。物とこころの分離以前のような、そういう物について語っている、あるいはその物が語っているのだというときに、人間よりももっと凄い、人間ではもうどうしようもない、物の流れのようなものが語られているのが物語ではないかと私は思っています。ですから物語としての神話とか昔話とか、平安時代の物語のようなものが非常に好きです。そうした物語を読んでいると、人間というのは本当にチャチなもので、物というすごい流れの上にちょいと乗っかっているだけのような感じがするのです。ところが現代の小説では、人間の姿をどう書くか、主人公がどのように書かれているか、それをとりまく人々の姿が生きた人間としてどれだけ旨く書かれているかということが、小説の褒め言葉として出てきますね。好きになったり嫌いになったりする人の心の綾をどううまく書けているか、ということが言われますが、そんなことは僕ら相談室でいやというほど知っているので(笑)、別に読まんでもええわ、と思うんです。やはりすごいのは物の流れというやつで、その、物の流れの上でどうしようもなくなった人たちが、我々のところへこられるんじゃないかと思うんです。へたすると生きてる人間の姿が良く書けてるという小説は、これは現代人の特徴ですけど、どこか物と切れてるんですね。物と切れて、自分の意志でなんでもできると思ってしまう。自分の意志で偉大なことをやろうと思ってしまう人が多いんです。そういう人たちは、物語は人間の姿が書かれてないので面白くないというのですが、『海辺のカフカ』はそこのところも境目なんですね。小説としても人間が良く書かれていて面白いし、物の流れのほうも、良く書かれているという作品だと思います。人間の存在を超えたものの流れと人間の意識というものが接触して出てくるという、神話的なところもあります。物語的要素が強くなるところでは、人物像が平板化して見えますが、それはそれなりの必然性をもっています。また現代小説的なところもあるという面白いものです。

＊

主人公は、一五歳の少年です。私は、現代生きてる我々人間の底に流れているものを見て書くのには、一五歳というのが一番ぴったりではないかなと思うんです。一五歳の少年を主人公にするということは、普通の小説であれば、一五歳の少年の姿がいかに捉えられているか、どういうふうに書かれているかということが問題になると思うんですが、この『海辺のカフカ』の主人公はそうした意味での主人公ではないというふうに私は感じました。大人というのは常識とかで目がくらんでいるひとが多いんですね。なかなかものが見えない。ところが思春期の年齢こそ深いものが見えるというか見ざるを得ない、見させられるという、そういう主人公なんです。一五歳の少年でこそ見えるものがある。その少年が、自分を田村カフカと名乗っています。

小説は、そのカフカ君が一五歳になる誕生日に家出をしようとするところから始まります。その一五歳のカフカ君が話をする相手に、カラスと呼ばれる少年というのが出てきます。「カフカ」というのはチェコ語で「カラス」という意味だそうですが、これはまさにイメージなんです。実在している人間ではないけど、こころの中にいる存在ですね。このカラスと呼ばれる少年が出てくる章だけ、本のページの上のほうに、飾り罫がつけられています。これは他の章にはついていないですから、この章だけ特別だということですね。終りの方の章に、もう一度だけ、この飾り罫がついている章が出てきます。この、あとのほうに出てくる章は、なかなか解釈の難しいところだと思います。何もかも無理に解釈する必要はないですけれど。

この一五歳の少年は、友達とあまり話もせずに、ひたすら自分の体を鍛えています。カラスと呼ばれる少年が、この主人公に、「お前は世界で一番タフな一五歳の少年になるんだ」という場面があります。これは一五歳の普通の少年を書いているのではない、一五歳の目で日本のものを見、体験する、そういう特別な主人公だという意味があるんだと思います。

カフカ少年が家を出て向かうところは高松です。ここでイメージとして大事なのは、四国に行くのに、橋を渡るということです。大きい途方もない橋をわたって、向こう側の世界へいくということですね。彼が家出をしていくのには運命、予言というものがはっきりあるんです。彼は、お父さんからいつも、「お前はお父さんを殺して、お母さんと交わることになるだろう、そして、姉とも交わることになるだろう」という予言を背負っています。皆さんは、「ああ、それはエディプスのテーマだ」と思われると思います。昔から言われているエディプスのテーマが、現代の物語になるのか、と思う方がおられると思いますが、この作品は違うんです。エディプスの場合は、その予言を言ったのは、神様なんですね。アポロが言った。その神託を父親が聞く。ところが、『海辺のカフカ』では、少年自身が父親から聞いてるんですね。ここはまったく違う。エディプスの話は皆さんご存知だと思いますが、エディプスは、予言なんかなんにも知らないんですよ。青年期になってそれを聞いて、逃れようとする。逃れようと必死になればなるほど結局は運命のいうとおりになって、最後は悲劇で終るわけです。

エディプスというのは有能な人間です。知恵もあるし力も強い。それがふとした予言から逃れようと努力すればするほどだんだん自分がその運命の中にいるということが明らかになっていく。最後にエディプスのお母さんは首を吊ってしまうし、エディプスは自分の目をくりぬいてしまい、悲劇で終っていくんですが、『海辺のカフカ』では、はじめからこの少年は、自分の運命を、しかも父親から聞いて知っているんですね。それはどういうことかといいますと、昔は、神だけが知っていて、神の意志によって行われたということを、いま人間がやっている、やらざるを得なくなっているということなんです。その恐ろしさを思いますね。日本神話でもギリシア神話でも、昔から神さまというのは、勝手なことをいろいろやってますね。ゼウスなんていうのは、いろんな女性のところに忍び込んでいったりして、今の日本で総理大臣がやっていたら「不倫の帝王」とか毎日書かれてたいへんでしょう。要するに、人間世界では悪といわれる、やってはいけないことをやりたい放題やっていたのが神さまなんですね。殺し合いもしょっちゅうやってますし。こうした神々のドラマとしてなされてきたことを、今、人間がやらなくてはならない。なぜかというと、人間が、神の座を奪ってきたからですね。今までは、神様というすごい存在がいて、人間はそれを拝みながらそこそこ生きておったんでしょうが、だんだん人間がえらそうにいろんなことをやってきて、空も飛べるようになった、月にも行けるようになった。もう、神様もそんなことはできないんじゃないかというようなことをやっているうちに、とうとう今まで神様に任せていた悪をも人間がやらなければならなくなった、と思うと面白いですね。そういう現代に我々は生きている。エディプスとカフカ少年は、そこが違うんです。エディプスは、何にも知らずにまじめに生きていながら凄い運命の中を生きさせられてしまう。カフカ少年のほうは、予言を始めから知っていて、しかもそれを成就しようとさえ思っている。父親を殺して、いつかお母さんと交わるだろうと思っているのです。

この話では、カフカ少年のお母さんはずっと早くにお父さんと離婚して、娘を連れて家を出ていってしまっています。少年は、お母さんの顔もよく覚えていない。お姉さんにしても、昔一緒に海辺で撮った写真が残されているので、姉さんがいるということは分かっているし、お母さんもいたらしいけど、出ていってしまった。もちろん父親に対するうらみはあるし、いつか父親を殺したい、そして母親とも姉さんとも交わりたいという気持ちを持っている。しかも母に対しては、なぜ自分を捨てていったのかというらみがある。姉さんを連れていって、自分を捨てていったと。これもエディプスとは全然違うでしょう。カフカ少年の場合は、そういう状況で、予言を背負わされているわけです。そして少年は実際に父親を殺し、母と交わり、姉とも交わることになるわけですね。しかしその出てきかたが普通ではない。これもエディプスとは逆になるわけです。エディプスは、何もしらずに、あとで気がついたら、父を殺し、母と交わっていた。カフカ少年の場合は、どちらも、イメージの中で行われたか、実際に行われたかが不明というふうに起っているんですね。片方は、意識せずに意識の世界で成就する。片方は、使命は意識しているんだけど行為は無意識の中で行われるという、非常にうまい対比が行われています。

＊

そんなすごいことは、少年一人だけではなかなかできない。それで面白い脇役が出てきます。たくさんの登場人物が、ビッグバンの逆のように、まるでものの力に乗せられるように高松へ向かいます。ナカタさんもその一人です。つまりナカタさんは、ものの流れの力が分かる人なんです。ナカタさんは、現在は初老のおじさんですが、少年時代に不思議な体験をして、それ以来字も読めず、都の補助をもらって生活している人です。

ナカタさんは、普段はネコ探しをしているのですが、ある日一匹のネコを探しているうちに、黒いシルクハットをかぶって赤い上着を着て、長靴を履いて、という不思議な恰好をした男がネコをさらっているらしいということがわかる。でナカタさんはその男の家に行くんです。まさにその登場人物の名前がジョニー・ウォーカーさんというんです(笑)。こういうのが唐突にでてくるのが面白いですね。そのジョニー・ウォーカーさんは、生きたネコを集めて、生きてるままで殺して、ネコの魂をとりだして、そのネコの魂で、素晴らしい笛を作ろうとしているんですね。そしてナカタさんが見ている前で、ナカタさんの知り合いのネコたちを殺していきます。大事なのは、ネコが意識しているあいだに殺すことなんです。その心臓を取り出して自分で食べて、魂を取り出していきます。ジョニー・ウォーカーは、ネコを殺してみせながらナカタさんに「ナカタさん、見るに耐えないだろう。だったら、俺を殺せ」というんです。ナカタさんもどうにもたまらなくなって、結局ジョニー・ウォーカーを殺してしまうんです。そして気が付いたら一人で野原にいる。

一方カフカ少年も高松にいって、あるとき意識不明になって、気がついたら公園に一人で血だらけになって立っていた。で、次の朝新聞を読んだら、同時刻に自分の父親が東京の中野区で殺された、と出ていたんですね。これは、ナカタさんがジョニー・ウォーカーを殺した時刻でもあるのです。このへんは非常にうまいところで、このジョニー・ウォーカーというのはどうもカフカ少年の父親でもあるらしい。そしてその父親を殺したのは、カフカ少年かナカタさんかよく分からないようになっています。

父親殺しというのは、意識的な使命としてありながら、その行為としてはイメージの世界で行われているんですね。エディプスとは逆なんです。そして、この小説では、ナカタさんもジョニー・ウォーカーもカフカの実際のお父さんも、みんな父親像の片鱗を持っていると考えると面白いと思います。

ナカタさんは、高松にいくべきだということもそこで何かを探さなければならないことも分かっている人です。でも一人では切符も買えないし、列車にも乗れない。そこに、中日ドラゴンズの帽子を被った星野君という、長距離トラックの運転手が現れます。彼はナカタさんに惹かれて、なぜ西に向かっていくのか分からないながらも、ナカタさんをつれていきます。その星野くんが高松で一人で町をあるいていると、声をかけてくる人物がいます。どこかで見たことがあると思ったら、その人物は、「私はカーネル・サンダーズだ」と名乗るんですね。フライドチキンの店の前にたっているあのおじさんです。彼はジョニー・ウォーカーに対応する人物です。カーネル・サンダーズは、星野くんにいろいろな手助けをしてくれるんですね。僕は一回目読んだとき、このへんが分からなかったんです。カーネル・サンダーズもジョニー・ウォーカーも面白いことは面白いんだけど、あまりに唐突でね。でも二回目にジョニー・ウォーカーがネコを殺して笛を作るというところを読んで気が付いたのは、ギリシア神話のヘルメスという神のことです。トリックスターの典型のような神様ですが、そのヘルメスが、亀を殺して竪琴を作るという話があるんです。以前『昔話と日本人の心』で書いていたのを思い出したんですが、ヘルメスは竪琴を作っていた。そのヘルメスの亀の殺し方がすごい残忍なんですよ。ヘルメスは、亀がやってくるのをみると笑ってこういうんですね。

「『このうえない幸運の印だ。お前に会えて嬉しいぞ。素敵だ。可愛い姿をしたやつ。驚きの友、宴の仲間。ほんとうによくきた、愛らしい玩具よ。山の住人よ。どこからお前はその輝く殻を着てきたのだ。お前をつれて館に入ろう。私の役に立たせよう。お前を軽んじたりはせぬ。まずは私の役にたつのだ。家の中のほうがよい。なぜなら、外ではお前は災いに出遭うだけだから。生きてはお前は外力を防ぐ盾かもしれぬ、だが死んだなら、お前は美しい歌となって響くだろう」このように言ってヘルメスは亀を持って家の中へ戻っていった。そしてそこで亀の体を切り裂いて竪琴を作った。」

これがギリシア神話です。いうことがいいでしょう、ヘルメスは亀に、申し訳ないけど竪琴になってくれというのじゃないんです。外におったら災いに出遭うだけだから中に入ろうというんですよ。殺すつもりなのにね。殺しかたも凄い。そこについて神話学者のケレーニーは、「ヘルメースは、この哀れな亀がまだ生きているうちに、素晴らしい楽器をみているのである。亀にとってその素晴らしい楽器は苦痛に満ちた死を意味する。このことすべてをヘルメースはナイーブなやり方でなく、陰険非情になしとげるであろう」と書いています。これが神様というものなんですよ。そこで「陰険だ」とか「非情だ」とかいうのは人間がいうことであって、神様には、亀を見たとたんに竪琴が見えているんですね。竪琴を作るために陰険にやりぬくというのが、神の仕事。だからジョニー・ウォーカーは、神に近いんです。ネコをみたら、そこには笛が見えているんです。

カーネル・サンダーズも、神様に近いんです。カーネル・サンダーズはポジティブなイメージで、ジョニー・ウォーカーは恐ろしいほうのイメージですが、このふたつは、どちらも西洋生まれでどちらも世界中に出てきている人ですね。どちらも世界を制覇しています。片っ方は高級なお酒で、片っ方はフライドチキンですね。人間の上方にいってみつかる神の姿がジョニー・ウォーカーで、下のほうにいってみつかる神の姿がカーネル・サンダーズとも言えます。現在では、我々の上にみようとしている神の姿は、残忍で恐ろしい。いやしくて土に近い、低級な神のほうがポジティブな姿をもっていると思うと、面白いですね。ほんとのお父さんとジョニー・ウォーカーとカーネル・サンダーズとナカタさんとこれはみんな父親のイメージなんですね。父親は一杯いるんです。ですから父親を一回殺したらそれでおしまいというような甘いもんじゃなくて、殺せど殺せど父親はいろんな恰好で出てくるんです。そのところが昔と現在とちがうところかもしれません。昔は一遍父親殺しをして一遍母親殺しをして、あとは大人になって終りというものだったけど、今はそんな単純にはいかない。今はもっといろんな形で残ってくるんですね。悪いやつを退治した、というような単純な話ではないということです。大体ネコというのは、魂のイメージとしてよく出てきます。魂へ到る道というか、それを音として世界に充満させる力を持っているものを殺したとなると、これは悪いことだかいいことだか分からなくなってきます。この本の凄いところは、善と悪というものがなかなか簡単にはわからないということが書かれているところですが、そういう本の中で、まさにものの力に動かされて、このカフカ少年が生きているということがよくわかります。

＊

では、母親像はどうかといいますと、お母さんの役割を持ってでてくるのが佐伯さんです。佐伯さんは、高松にある私設図書館の館長さんで、カフカ少年は、この図書館で手伝いをしている大島さんの好意で、ここに住むことになるのですが、この佐伯さんには謎の失踪期間があって、そこにカフカ少年が、佐伯さんがお母さんである可能性があるんじゃないかと思う根拠が隠れています。カフカ君は結局佐伯さんという人と結ばれるんですが、それも本当に結ばれたのか、イメージの世界だったのか、ファンタジーだったのか現実だったのか、わからないように書かれています。ま、相当現実に近いことだったと思いますが。そういう体験をします。

そしてお姉さんはどうかといえば、さくらさんという姉さんのような登場人物がいます。さくらさんとはこれはあきらかに夢のなかで結ばれたという体験をしています。ですから、現実の意識的行為ではないけれどどんどん予言が成就していくのです。カフカ君としてはたまらない人生です。そして警察にも追われているというので、彼が滞在している図書館の大島さんが、兄さんと一緒に持っている山の家にカフカ少年をつれていきます。そして、家の先にある森の話をします。その森には入っていってもいいけれども、深く入ると命が危ないという。カフカ君は、最初森に入っていくときに、帰れるようにしるしをつけていくんだけれども、自分の運命の重さにだんだん耐えられなくなっているカフカ君は、もう死んでもいいとおもって、そのしるしをつけるのもやめて、森の奥へ入っていくわけです。森の中には、戦争中にやはり森の中にはいって死んだと思われていた二人の軍人がいて、その案内で、いわば死の世界と生の世界の中間地帯まで彼は入っていくんです。まさに境界領域です。それより前に、佐伯さんは誰にも言わなかった自分の思い出を書いたものを、ナカタさんに渡して全部燃やしてもらうよう頼み、死んでしまうんです。ナカタさんもその託された仕事を終えて、静かに死んでしまいます。

ここでカフカ少年の境界領域体験を完成させるためには、その境界への入口の戸を開けたり閉じたりする仕事をする人が必要になります。その戸がどこにあるかを知る知恵と、それを実行する腕力とは、めったに両立しないものです。そのため、ここではナカタさんと星野君がその役割をわけもっています。このような深い知恵をもつためには、この世で評価される知識は邪魔になることが多く、それとは無縁に生きているナカタさんは、うってつけの人です。星野君の絶世の腕力も、少しずれると極めて破壊的な暴力となるものでしょう。

境界領域の周辺は、現代では粗野な力《パワー》と性《セックス》に満ちています。佐伯さん、ナカタさん、星野君はいずれも何らかの形でその被害を蒙った人たちです。それだからこそ彼らは、カフカ君の境界体験を助けることができたと言えますし、純化され焦点づけられた、カフカ君と佐伯さんの性、星野君の力によって、この困難な仕事が成就したと思います。

ですからこれは、一人の少年が成長していくときに、父殺し、母殺しを成し遂げて成長していった物語ともいえるし、違う言い方をすると、カフカ少年がすごい運命を背負いながら生きていくときに、狂いもせず、間違えもせず、まっすぐに生きていくように、なにかうまく守ってくれていた、ナカタさんという父親像、佐伯さんという母親像が、静かに、本当に静かに、死ぬべくして死んでいったというふうな物語として読むこともできます。もちろん、カフカ少年はそういうことを知らずに森の中をさ迷って、生と死の境目までいくんですが、そこで、すでに死んでいる佐伯さんに会います。そこで佐伯さんは、私を許してくださいと語ります。カフカ少年は、僕に許す資格があるかどうかわからないけど、その資格があるなら許します、といいます。すると佐伯さんは、「あなたはこちらの世界にとどまってはいけない、あちらの世界に帰りなさい」といいます。そして、カフカ少年は、死なずにこちらの世界へ帰ってきます。

こちらの世界に帰ってくるというところで話が終るんですが、そのあいだに、始めに話した、ページに飾り罫のついた、カラスと呼ばれる少年の話が出てくるんです。その少年が、カラスの姿になって、ジョニー・ウォーカーと戦うところがでてくるんです。ジョニー・ウォーカーは、生と死の境のリンボの世界を生きています。そこでカラスとなった少年に向かって「ネコを殺してつくったこの笛を吹けば、君を追い払うのなんかわけはない」と言うんです。カラスの姿になった少年は怒って、目をくりぬいたり舌を抜いたりします。

ここはエディプスの話と対応していると思います。そしてジョニー・ウォーカーを殺してしまうんだけど、なんども殺されても、その笑いは残っていたと書いてあるんです。ここをどう読むかはすごく面白いところです。私がいまのところ思っているのは、やっぱり父を殺すとか母を殺すということは、「殺しきる」ということはないんじゃないかということです。たとえ自分のお父さんとかお母さんを殺したとしても、父なるものとか母なるものというのは、いろんな形を変えて存在しつづけている。カフカ君は、いろんな仕事を終えて、いわば大人になってこちらに帰ってくるようだけど、だからといって父なるもののある側面というものを彼が克服したとか抹消できたとか、そうはいえないということなのかなあ、と思っていますが、これはよくわかりません。村上さんは筋もなんにも考えず書いているそうですね。物の流れにまかせて書いておられるようです。それが、この、カラスと呼ばれる少年とジョニー・ウォーカーが対決する場面は、全部書いたあとから入れました、とＨＰのインタビューで言っておられます。だから、ここは村上さんもだいぶ考えていれたと思うんですが、どんな考えで入れたのか、会えたら聞いてみようと思っています。ま、聞いてもなかなか言ってくれませんでしょうけど。

＊

この話を一番単純に考えたら、一五歳の少年のイニシエーションの物語、つまり異界へ入っていって、異界から帰ってくる物語ですね。それは大人になるときに非常に大事な経験で、思春期というのは異界の体験をする大事な時期ではあるんですが、最初に言いましたように、これは一五歳の少年を主人公にしたという見方をするよりも、少年の眼を通して、異界の体験と、そこから帰ってくる体験を書いたことに意味があると思います。これは、日本人全体のあるいは現代人のイニシエーションといってもいいと思っています。自分の意志でなんでも出来て、豊かになったと思っていても、本当は物の流れや運命から切れてしまっている現代人が、もう一遍現代を生きていくために、異界に入って、そしてこちらに帰ってきて生きるという、現代人がそれぞれ体験するイニシエーションの物語ではないかと思っています。昔は、イニシエーションを体験して、子どもが大人になって、それで終りだったんですね。ですから一回の成人式というのがとても大事だったんですけど、現代はそれで大人になるというような単純なものではないし、一回の父親殺しをやったから、一回の母親殺しをやったから大人になったというものでもない。そして、姉さんという、エディプスには出てこなかったものをどう考えるか、それも面白い問題だと思います。姉さんというのは親のような上の存在と違って横の存在でもありますから、上下だけでなくて自分の横の人とどうつながるか。そういうときに、姉さんとも性というものを介してつながるということを、現代人はどう考えたらいいのか。そして性と暴力という、避けることのできない世界を突き抜けていった世界まで行ってはじめて我々はこちらに帰ってくることができる。そういうことが考えられるのではないかと思います。

喋り残したことがたくさんあるんですが、皆さん自分で読んでみてください。私がいったこととまったく別の読み方ができるでしょうし、僕もまたなんども読めば別のことを考えると思います。

ひとつだけ大事なことを忘れていました。こちらの世界に帰ってくるカフカ君が「僕はこれから生きていくのに、生きることの意味がわからないんだ」というと、「絵を眺めるんだ、風の音を聞くんだ」とカラスがいうんです。それによって人生の意味がわかるんだと言ってくれるのですが、絵というのは、我々の言葉でいうとイメージですね。イメージを大切にするのだという。それだけでなくて、風の音を聞くというのが面白いですね。我々は箱庭療法でいつもイメージをみているんですが、そのときに、どのくらい風の音を聴いているか、というのがすごく大事な要因になる。それができなくては箱庭療法のよいセラピストにはなれないという気がします。これで終りにします。

（2002・9・14　日本箱庭療法学会での講演に加筆・修正）

解説　「かなしみ」によって結ばれるもの

岩宮恵子

「君の名は。」という二〇一六年に大評判になった新海誠監督のアニメをご存じだろうか。音楽とのコラボの見事さ、背景や自然を描いた映像の美しさ、そして心に響くストーリーで大ヒットしたものである。このアニメが封切られて以来、会うクライエント、会うクライエントから「三回見た」とか「すごく感動した」「話が複雑だけれど、そこがまたいい」など、口々に語られるので、これは見るしかないと思って見に行った。

すると、男女が夢のなかで入れ替わるなど「とりかえばや」のようでもあり、すでに意味を忘れ去られた古代の智恵が、実は現代を生きる人たちにどれほど大きな意味をもっていたのか……という話でもあり、まさに、昔話の世界と現代とを結ぶような内容だったのである。日本のどこに居てもスマホで情報を得たり、つながったりすることは可能なのに、本当に大切な人とは時空が違うために会うことができない。最先端の文明の利器をもってしても乗り越えられない壁が立ちはだかったとき、人は古代社会が大切にしていた根源的な魂の力に可能性を求める……というような作品だった(と感じた)。

もちろん、感動したポイントは上記のようなところでなく、すれ違いの切ない恋愛の部分だという人も多いだろう。しかし、特に思春期の人たちが何度も見たと報告する様子からは、もっと全体的な「世界の関係性」に反応しているのをヒシヒシと感じる。その「世界」には、自分の見た夢や昔からの言い伝えも重要なものとして含まれている。このような世界との関係性のなかに自分は生きているのだという感覚がとても深く心を動かしていることが伝わってくるのだ。

さて、昔話には残酷な描写があるものが多いが、そのなかでも「皆殺し」的に人間が大勢殺されるものがあることについて河合先生は論じている。たとえば「水のみ百姓」では、ひとりの百姓の言葉によって村人全員が溺れ死んでいる。このような話の主人公は「トリックスター」と考えられると河合先生は指摘する。トリックスターは、うそをついたり、いたずらをしたり、とっても危険なことをしたり、神出鬼没、変幻自在、という特徴があり、人間に思いがけない幸運や大変な不幸をもたらすものである。そして、「このようなトリックスター物語について、グリムと日本の昔話を比較すると、圧倒的に日本の方が多い」(本書一一二頁)らしい。このことについて河合先生は「トリックスターのはたらきは「自然」そのもののはたらきを映し出しているように思われる」(一一二頁)とし、「トリックスターとしての自然」という考え方を示している。

それは日本が自然災害の多い国であるということと、どこかで関係しているのではないだろうか。東日本大震災など、豊富な海の幸を与えてくれていた自然が、いきなりトリックスターとして「村人全員が溺れ死ぬ」ような残酷な不幸をもたらしたと考えると、昔話で起こっていることは、まさに現代に通じるものとして胸に迫ってくる。

ところで、ある学校の先生から「なぜ子どもは残酷な昔話があんなに好きなのでしょう」と聞かれたことがある。ホームルームのときなどに残酷な描写のある昔話を読むと、いつもはまったく集中しない子たちまで、真剣に耳を傾けているのだという。ところがその一方で、残酷な内容の昔話を子どもたちに読み聞かせするのはいかがなものかと問題視する声もかなりあるということもよく耳にする。

河合先生は具体的なたとえを駆使しながら、「昔話が心の深い層に生じる真実を語っていると考えてみると、昔話に語られる「残酷」なことは、むしろ日常茶飯事に生じていることが解る」（一六九―一七〇頁）と述べている。先ほどの「トリックスターとしての自然」を含め、私たちの日常は、残酷な運命と紙一重のところにあるとも言える。そして、「子どもたちは「残酷」な話を聞きながら、それを内面的に知り、その意味を自分のものとしてゆくので、やたらと残酷なことをする必要がなくなるのである。残酷さに対して何らの免疫もない子が、残酷さの犠牲になるのである」（一七二頁）と指摘している。

しかしどんなに説明しても、昔話の残酷さを問題視する不安が強い人には納得も理解もしてもらえないかもしれない。なぜなら「不安の強い大人ほど、子どもを信頼することができない。「子どもたちのために」残酷な話をマイルドな形に書きかえている大人たちは、内的真実に直面することによって生じる自分の不安を軽くするために、そうしていることに気づいていない人が多い」(一七二頁)からである。

そして、「昔話のなかの残酷さを肯定することは、残酷さそのものを肯定しているのではない」(一七二頁)として、「内的真実は人から人へと(中略)直接に語りかける方が伝わりやすいものである。従って、昔話は「物語」られるときにこそ、最大限の効果を発揮し、語り手が既に述べたような残虐性の意味を明確に知っているときは、いくら残酷な話をしても問題はない」(一七三頁)と河合先生は指摘する。これは、大人との関係性のなかで体験すると深い智恵になりうるものが、そうした関係性に守られる体験が希薄な子が、孤独のなか、ネットなどで残虐画像や動画を見ることは、こころに深刻な影を落とすことにもなりうるということだろう。「関係性」こそが守りなのだ。

また昔話を絵本やテレビといった映像によって与えてしまうことによって、子どもが内的現実としてのイメージを作り上げる前に、映像として強いイメージが押しつけられてしまう危険についても河合先生は警鐘を鳴らす。テレビはテレビ向きの素材で、新しい時代にふさわしい物語をいくらでもつくれるから、(内的真実を物語として伝えるために存在している)昔話などを映像化する必要などないと考えておられる。そんな河合先生が、浦島太郎と金太郎、桃太郎が幼なじみの仲良しで、退治されるはずの鬼もオニちゃんと呼ばれて一緒に遊んでいるというような「いい話」になっている大人気のコマーシャルを見られたら、何と思われるだろうか……。

「君の名は。」では、美しい天体ショーとして人々に幸福を与えていた彗星がいきなり軌道を外れ、ふたつに分かれた欠片のひとつが糸守という美しい湖と自然に恵まれた村を直撃する。「トリックスターとしての自然」がいきなりこのようなことをするのだ。そして祭りの最中だった村人たちは「皆殺し」的に、村もろとも消滅してしまう。糸守は千年に一度の彗星の衝突に遭遇したのだ。糸守のすばらしい湖や自然は千年前に落ちた隕石によってできたものだった。神社が伝えていた彗星の危険を告げる記録が途絶えたせいで、二度目の被害に遭ったのだ。人がなぜ、神話や昔話を、つじつまが合わないし合理的でもないのに長年に渡って伝えてきたのか……という答えのひとつを、この作品は示していると言えるだろう。

神職をしている主人公の祖母が、「土地の氏神さまのことをな、古い言葉で産霊(ムスビ)って呼ぶんやさ」と語る場面がある。「糸をつなげることもムスビ、人をつなげることもムスビ、時間が流れることもムスビ、ぜんぶ、同じ言葉を使う。それは神さまの呼び名であり、神さまの力や」と、神さまというのは、「関係」を示すものであり、言葉は人と人とを結び、言葉によって結ばれた気持ちが神さまなのだということについて深い声音で語るのだ。本来、昔話というのはこのようにして伝えられるものなのだろう。このシーンが一番好きだと言っていた子もいた。昔話を語り聞かせてくれるような説得力のある老人の声を、今を生きる子どもたちは本当に欲しているのだと思う(ちなみに、「にっぽん昔話」のナレーターだった市原悦子がこの祖母の役をしていた)。

私事だが、山陰という(糸守まではいかないが、都会よりは神話や昔話に近い心性のある)土地に住んでいることもあり、幼い頃から年末になると「しめ縄のおじさん」が軽トラで家にやってきていた。神棚用のもの、玄関、水回りのもの、車や自転車用に至るまで、何種類もあるしめ縄をうちの家の状況にぴったり合わせて届けてくれるのだ。そのおじさんから新年用のしめ縄を受け取り、御代を納め、「良いお年を」とお辞儀をし合うのが年末の当たり前の光景だった。その「しめ縄のおじさん」(もうかなりのおじいさんだったが)から、師走に電話がかかってきた。病気をしてしまってもう縄がなえなくなってしまったので、もう今年はしめ縄を届けることができない。長い間ありがとう、ということだった。そのため、生まれて初めてしめ縄をスーパーの特設コーナーで買うことになった。

家に持ち帰っていつものように神棚の前にしめ縄を全部並べてチェックしていたとき、

何かとてつもなく大きなものを失ってしまったという実感がどっと押し寄せてきた。しめ縄という「もの」としては、「しめ縄のおじさん」のものとほぼ同じものがそこにある。けれど、何かが決定的に違うという感覚に胸が締め付けられて、しばらくそこから動けなくなった。こんなにショックを受けるとは自分でもびっくりした。そうか。年末にほんの数分しか会わないけれど、「しめ縄のおじさん」が、自分の田んぼで出来た稲から藁を作り、それを自分でなって届けてくれて、年末の挨拶をしながら手渡しで受け取っていたから、しめ縄は大事な神具として存在することができていたんだ……。これが「ムスビ」だったのだということを、強烈な喪失感とともに知ることになった。

今回この文庫を読み返したとき、私は「しめ縄ショック」の最中だったこともあり、どこかでその想いの落ち着き先を見つけるような読み方になっていた。だから余計に、河合先生の思考を通じて、大事な関係性と切り離された現代を生きるということについて思いをめぐらせることになった。河合先生という希有な語り手は、昔話と現代という遠く離れているものを、慎重に、丁寧に、そして多層的に結びつける。河合先生の本はどれも、どんなに難しい内容について述べてあるものでも、河合先生が語りかけておられるようなトーンが一貫しているのだが、これこそが関係性(ムスビ)なのだと、今回、改めてしみじみと感じた。

河合先生は、『ユング心理学と仏教』(岩波現代文庫、二〇一〇年)のなかで、非個人的なレベルで他者と深くつながるときに生じる感情は「かなしみ」であるとされている。ムスビの力は「かなしみ」に裏打ちされているのだ。この「かなしみ」を抱えていくことこそが、昔話の世界と、現代の最先端の問題を結んでいくことになるのだろう。

（臨床心理学者・島根大学教育学部教授）

〈物語と日本人の心〉コレクション
刊行によせて

岩波現代文庫から最初に河合隼雄のコレクションとして刊行されたのが『ユング心理学入門』『ユング心理学と仏教』などを含む〈心理療法〉コレクションである。それは心理療法を専門としていた河合隼雄の著作で最初に取り上げるのにふさわしいものであろう。またそれに引き続く〈子どもとファンタジー〉コレクションも、河合隼雄の重要な仕事である子どもに関するものと、ユング心理学において大切なファンタジーという概念を押さえている。しかし心理療法を営む上で、河合隼雄が到達した自分の思想の根幹となるキーワードは「物語」なのである。それに従って、本コレクションには、『昔話と日本人の心』と『神話と日本人の心』という主著が含まれている。

心理療法においてセラピストはクライエントの語る物語に耳を傾ける。しかしそれ以上の意味で河合隼雄が「物語」を重視するのは、心理療法において個人に内的に存在するリアライゼーションの傾向に一番関心を持っているからである。リアライゼーションとわざわざ英語を用いるのは、それが「何かを実現する」ことと「何かがわかる、理解する」の両方の意味を持っているからである。そして物語に筋があるように、理解しつつ実現していくことが物語に他ならず、だからこそ物語が大切なのである。小川洋子との最晩年における対談のタイトル『生きるとは、自分の物語を作ること』は、物語が何であるかを如実に示している。

物語は河合隼雄の人生の中で、重要な意味を担ってきた。まず河合隼雄は小さいころから、豊かな自然に囲まれて育ったにもかかわらず、本が好きで、とりわけ物語が大好きであった。興味深いのは、物語は好きだったけれども、いわゆる文学は苦手であったことである。小さいころや若いころに心引かれたのはもっぱら西洋の物語であったのに、このコレクションでは〈物語と日本人の心〉となっているように、主に日本の物語が扱われている。戦争体験などによって毛嫌いしていた日本の物語・神話に向き合わざるをえなくなったのは、夢などを通じての河合隼雄自身の分析体験がある。そして日本で心理療法を行ううちに、日本人の心にとってその古層となるような日本の物語の重要性を認識せざるをえなくなったことが、多くの日本の物語についての著作につながった。

本コレクションの『昔話と日本人の心』は、それまで西洋のユング心理学を日本に紹介するスタンスを取っていた河合隼雄が、一九八二年にはじめて自分の独自の心理学を世に問い、そして昔話から日本人の心について分析したものである。大佛次郎賞を受賞し、心理学の領域を超えて河合隼雄の名声を揺るぎなきものにしたものとも言えよう。

これと並び立つのが、『神話と日本人の心』で、一九六五年に英語で書かれたユング派分析家資格取得論文を四〇年近く温め続け、そこに「中空構造論」と「ヒルコ論」を加え、二〇〇三年に七五歳のときに執筆したある意味で集大成となる作品である。

物語に注目するうちに、河合隼雄は日本人の心にとっての中世、特に中世の物語の重要性に気づいていき、それに取り組むようになる。『源氏物語と日本人――紫マンダラ』と『宇津保《うつぼ》物語』『落窪《おちくぼ》物語』などの中世の物語を扱った『物語を生きる――今は昔、昔は今』は、このようなコンテクストから生まれてきた。

それに対して『昔話と現代』と『神話の心理学』は、物語の現代性に焦点を当てている。『昔話と現代』は、既に〈心理療法〉コレクションに入っている『生と死の接点』に分量的に入れることのできなかった、第二部の「昔話と現代」を中心としていて、先述の追放された神ヒルコを受けていると河合隼雄が考える「片子」の物語を扱っている章は圧巻である。『神話の心理学』は、元々『考える人』に連載されたときのタイトルが「神々の処方箋」であったように、人間の心の理解に焦点を当てて様々な神話を読んだものである。

このコレクションは、物語についての河合隼雄の重要な著作をほぼ網羅している。ここに収録できなかったので重要なものは、『とりかへばや、男と女』(新潮選書)、『日本人の心を解く――夢・神話・物語の深層へ』(岩波現代全書)、『おはなしの知恵』(朝日新聞出版)であろう。合わせて読んでいただければと思う。

このコレクションの刊行にあたり、出版を認めていただいた小学館、講談社、大和書房、および当時の担当者である猪俣久子さん、古屋信吾さんに感謝したい。またご多忙のところを各巻の解説を引き受けていただいた方々、企画・チェックでお世話になった岩波書店の中西沢子さんと元編集長の佐藤司さんに厚くお礼申し上げたい。

二〇一六年四月吉日

河合俊雄

初出一覧

1. **グリムの昔話における「殺害」について**　『現代に生きるグリム』1985年12月，岩波書店刊.『生と死の接点』1989年4月，岩波書店刊に所収.
2. **片側人間の悲劇――昔話にみる現代人の課題**　『へるめす』第11号，1987年6月，岩波書店.『生と死の接点』1989年4月，岩波書店刊に所収.
3. **日本人の美意識――日本の昔話から**　『現代思想』1984年7月臨時増刊「ニッポンの根っこ」青土社.『生と死の接点』1989年4月，岩波書店刊に所収.
4. **日本昔話の中の他界**　『日本学』第五号，1984年，名著刊行会.原題は「昔話の中の他界」.『生と死の接点』1989年4月，岩波書店刊に所収.
5. **『風土記』と昔話**　『日本研究』第七集，1992年9月，国際日本文化研究センター.
6. **日本昔話の心理学的解明――「蛇婿入り」と「蛇女房」を中心に**　『図書』1981年1月，岩波書店.『中空構造日本の深層』1982年1月，中央公論社刊に所収.
7. **猫，その深層世界――昔話のなかの猫**　『国文学』1982年9月，学燈社.『日本人とアイデンティティ』1984年8月，創元社刊に所収.
8. **昔話の残酷性について**　『メルフェン』6号，1982年6月，チャイルド社.『日本人とアイデンティティ』1984年8月，創元社刊に所収.
9. **夢と昔話**　『昔話』5号，1976年6月，三弥井書店.
10. **境界体験を物語る――村上春樹『海辺のカフカ』を読む**　『新潮』99巻12号，2002年12月，新潮社.（単行本未収録）

1，5，6，7，8，9は，『河合隼雄著作集5　昔話の世界』(1994年3月，岩波書店)に収録され，2，3，4は，『河合隼雄著作集8　日本人の心』(1994年4月，岩波書店)に収録された．これらの章の底本には，著作集版を用いた．

〈物語と日本人の心〉コレクションV

昔話と現代

2017年2月16日　第1刷発行
2023年12月15日　第2刷発行

著　者　河合隼雄《かわいはやお》

編　者　河合俊雄《かわいとしお》

発行者　坂本政謙

発行所　株式会社 岩波書店
〒101-8002 東京都千代田区一ツ橋2-5-5
案内 03-5210-4000　営業部 03-5210-4111
https://www.iwanami.co.jp/

印刷・精興社　製本・中永製本

ISBN 978-4-00-600348-7　　Printed in Japan

岩波現代文庫創刊二〇年に際して

二一世紀が始まってからすでに二〇年が経とうとしています。この間のグローバル化の急激な進行は世界のあり方を大きく変えました。世界規模で経済や情報の結びつきが強まるとともに、国境を越えた人の移動は日常の光景となり、今やどこに住んでいても、私たちの暮らしは世界中の様々な出来事と無関係ではいられません。しかし、グローバル化の中で否応なくもたらされる「他者」との出会いや交流は、新たな文化や価値観だけではなく、摩擦や衝突、そしてしばしば憎悪までをも生み出しています。グローバル化にともなう副作用は、その恩恵を遥かにこえていると言わざるを得ません。

今私たちに求められているのは、国内、国外にかかわらず、異なる歴史や経験、文化を持つ「他者」と向き合い、よりよい関係を結び直してゆくための想像力、構想力ではないでしょうか。

新世紀の到来を目前にした二〇〇〇年一月に創刊された岩波現代文庫は、この二〇年を通して、哲学や歴史、経済、自然科学から、小説やエッセイ、ルポルタージュにいたるまで幅広いジャンルの書目を刊行してきました。一〇〇〇点を超える書目には、人類が直面してきた様々な課題と、試行錯誤の営みが刻まれています。読書を通した過去の「他者」との出会いから得られる知識や経験は、私たちがよりよい社会を作り上げてゆくために大きな示唆を与えてくれるはずです。

一冊の本が世界を変える大きな力を持つことを信じ、岩波現代文庫はこれからもさらなるラインナップの充実をめざしてゆきます。

（二〇二〇年一月）

G445-446
ねじ曲げられた桜(上・下)
―美意識と軍国主義―
大貫恵美子

桜の意味の変遷と学徒特攻隊員の日記分析を通して、日本国家と国民の間に起きた「相互誤認」を証明する。〈解説〉佐藤卓己

G447
正義への責任
アイリス・マリオン・ヤング
岡野八代
池田直子 訳

自助努力が強要される政治の下で、人びとが正義を求めてつながり合う可能性を問う。ヌスバウムによる序文も収録。〈解説〉土屋和代

G448-449
ヨーロッパ覇権以前(上・下)
―もうひとつの世界システム―
J・L・アブー＝ルゴド
佐藤次高ほか訳

近代成立のはるか前、ユーラシア世界は既に一つのシステムをつくりあげていた。豊かな筆致で描き出されるグローバル・ヒストリー。

G450
政治思想史と理論のあいだ
―「他者」をめぐる対話―
小野紀明

政治思想史と政治的規範理論、融合し相克する二者を「他者」を軸に架橋させ、理論の全体像に迫る、政治哲学の画期的な解説書。

G451
平等と効率の福祉革命
―新しい女性の役割―
G・エスピン＝アンデルセン
大沢真理監訳

キャリアを追求する女性と、性別分業に留まる女性との間で広がる格差。福祉国家論の第一人者による、二極化の転換に向けた提言。

G452
草の根のファシズム
―日本民衆の戦争体験―
吉見義明

戦争を引き起こしたファシズムは民衆が支えていた――従来の戦争観を大きく転換させた名著、待望の文庫化。〈解説〉加藤陽子

G453
日本仏教の社会倫理
―正法を生きる―
島薗進

日本仏教に本来豊かに備わっていた、サッダルマ(正法)を世に現す生き方の系譜を再発見し、新しい日本仏教史像を提示する。

G454
万民の法
ジョン・ロールズ
中山竜一訳

「公正としての正義」の構想を世界に広げ、平和と正義に満ちた国際社会はいかにして実現可能かを追究したロールズ最晩年の主著。

G455
原子・原子核・原子力
―わたしが講義で伝えたかったこと―
山本義隆

原子・原子核について基礎から学び、原子力への理解を深めるための物理入門。予備校での講演に基づきやさしく解説。

G456
ヴァイマル憲法とヒトラー
―戦後民主主義からファシズムへ―
池田浩士

史上最も「民主的」なヴァイマル憲法下で、ヒトラーが合法的に政権を獲得し得たのはなぜなのか。書き下ろしの「後章」を付す。

2023. 11

岩波現代文庫[学術]

G457
現代《いま》を生きる日本史
須田努
清水克行

縄文時代から現代までを、ユニークな題材と最新研究を踏まえた平明な叙述で鮮やかに描く。大学の教養科目の講義から生まれた斬新な日本通史。

G458
小国
—歴史にみる理念と現実—
百瀬宏

大国中心の権力政治を、小国はどのように生き抜いてきたのか。近代以降の小国の実態と変容を辿った出色の国際関係史。

G459
〈共生〉から考える
—倫理学集中講義—
川本隆史

「共生」という言葉に込められたモチーフを現代社会の様々な問題群から考える。やわらかな語り口の講義形式で、倫理学の教科書としても最適。「精選ブックガイド」を付す。

G460
〈個〉の誕生
—キリスト教教理をつくった人びと—
坂口ふみ

「かけがえのなさ」を指し示す新たな存在論が古代末から中世初期の東地中海世界の激動のうちで形成された次第を、哲学・宗教・歴史を横断して描き出す。〈解説〉山本芳久

G461
満蒙開拓団
—国策の虜囚—
加藤聖文

満洲事変を契機とする農業移民は、陸軍主導の強力な国策となり、今なお続く悲劇をもたらした。計画から終局までを辿る初の通史。

2023. 11

G462
排除の現象学
赤坂憲雄

いじめ、ホームレス殺害、宗教集団への批判――八十年代の事件の数々から、異人が見出され生贄とされる、共同体の暴力を読み解く。時を超えて現代社会に切実に響く、傑作評論。

G463
越境する民
近代大阪の朝鮮人史
杉原達

暮しの中で朝鮮人と出会った日本人の外国人認識はどのように形成されたのか。その後の研究に大きな影響を与えた「地域からの世界史」。

G464
越境を生きる
ベネディクト・アンダーソン回想録
ベネディクト・アンダーソン
加藤剛訳

『想像の共同体』の著者が、自身の研究と人生を振り返り、学問的・文化的枠組にとらわれず自由に生き、学ぶことの大切さを説く。

G465
我々はどのような生き物なのか
―言語と政治をめぐる二講演―
ノーム・チョムスキー
福井直樹
辻子美保子編訳

政治活動家チョムスキーの土台に科学者としての人間観があることを初めて明確に示した二〇一四年来日時の講演とインタビュー。

G466
ヴァーチャル日本語 役割語の謎
金水敏

現実には存在しなくても、いかにもそれらしく感じる言葉づかい「役割語」。誰がいつ作ったのか。なぜみんなが知っているのか。何のためにあるのか。〈解説〉田中ゆかり

岩波現代文庫［学術］

G467
コレモ日本語アルカ？―異人のことばが生まれるとき―
金水 敏

ピジンとして生まれた〈アルヨことば〉は役割語となり、それがまとう中国人イメージを変容させつつ生き延びてきた。〈解説〉内田慶市

G468
東北学／忘れられた東北
赤坂憲雄

驚きと喜びに満ちた野辺歩きから、「いくつもの東北」が姿を現し、日本文化像の転換を迫る。「東北学」という方法のマニフェストともなった著作の、増補決定版。

G469
増補 昭和天皇の戦争―「昭和天皇実録」に残されたこと・消されたこと―
山田 朗

平和主義者とされる昭和天皇が全軍を統帥する大元帥であったことを「実録」を読み解きながら明らかにする。〈解説〉古川隆久

G470
帝国の構造―中心・周辺・亜周辺―
柄谷行人

『世界史の構造』では十分に展開できなかった「帝国」の問題を、独自の「交換様式」の観点から解き明かす、柄谷国家論の集大成。佐藤優氏との対談を併載。

2023. 11